Laura Aguilar / Ulrich Redmann

35 Küste[illegible] enreservat

BERGVERLAG ROTHER GMBH • MÜNCHEN

ROTHER WANDERFÜHRER

Abruzzen
Achensee
Adlerweg
Ahrsteig
Albsteig
Algarve
Allgäu 1, 2, 3, 4
Allgäuer Alpen
AlpeAdriaTrail

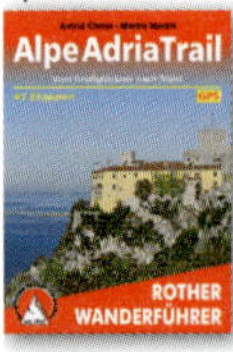

Altmühltal
Altmühltal-Panoramaweg
Andalusien Süd
Annapurna Treks
Antholz - Gsies
Aostatal
Appenzellerland
Apulien
Ardennen
Arlberg - Paznaun
Arnoweg
Asturien
Augsburg
Außerfern
Australien
Auvergne
Azoren
Baskenland
Bayerische Alpen Trekking
Bayerischer Wald
Berchtesgaden -Lienz
Berchtesgadener Land
Bergisches Land
Berlin
Bern
Berner Oberland Ost
Berner Oberland West
Bodensee Nord, Süd
Bodensee - Rätikon
Böhmerwald
Bolivien
Bozen - Kaltern
Brandnertal
Bregenzerwald
Bremen - Oldenburg
Brenta
Bretagne
Bulgarien
Burgund
Cevennen
Chalkidiki - Thassos
Champagne - Ardennen
Chiemgau
Chiemsee
Chur - Hinterrhein
Cilento
Cinque Terre
Comer See
Cornwall-Devon
Costa Blanca
Costa Brava
Costa Daurada
Côte d'Azur
Dachstein-Tauern Ost
Dachstein-Tauern West
Dänemark-Jütland
Dalmatien
Dauphiné Ost, West
Davos
Dolomiten 1, 2, 3, 4, 5, 6, 7, 8
Dolomiten-Höhenwege 1-3, 4-7, 8-10
Donausteig
E5 Konstanz - Verona
Ecuador
Eifel
Eifelsteig
Eisenwurzen
El Hierro
Elba
Elbsandsteingebirge
Elsass
Emmental
Ober-, Unterengadin
England Mitte, Nord, Ost, Süd
Erzgebirge
Fichtelgebirge
Fränkische Schweiz
Fränkischer Gebirgsweg
Frankfurt
Franziskusweg
Freiburg
Friaul-Julisch Venetien
Fuerteventura
Galicien
Gardaseeberge
Garhwal - Ladakh
Garmisch - Brixen
Gasteinertal
Genfer See
Georgien
Gesäuse
Glarnerland
Glockner-Region
Goldsteig
La Gomera
Gotthardweg
Gran Canaria
Grazer Hausberge
Grenzgänger-Weg
Gruyère - Diablerets
GTA
Hamburg
Harz
Haute Route
Hawaii
Hochkönig
Hochschwab
Hohenlohe
Hunsrück
Ibiza
Innsbruck
Irland
Isarwinkel
Island
Israel
Istrien
Jakobsweg - Camino Primitivo
Jakobsweg - Caminho Português
Jakobsweg - Camino del Norte
Französischer Jakobsweg Le Puy - Pyrenäen, Straßburg - Le Puy
Jakobsweg Marburg - Vézelay
Jakobswege Österreich
Jakobswege Schweiz
Spanischer Jakobsweg
Südfranzösischer Jakobsweg - Via Tolosana
Südwestdeutsche Jakobswege
Julische Alpen
Jura, Französischer
Jura, Schweizer
Kärntner Seen
Kalabrien
Kanadische Rocky Mountains
Karawanken
Karnischer Höhenweg
Karwendel
Kaunertal
Kitzbüheler Alpen
Kleinwalsertal
Korfu
Korsika
Korsika - GR 20

Korsika - Mare e Monti
Kraichgau
Kreta
Kurhessen
La Palma
La Réunion
Lahnwanderweg
Lago Maggiore
Languedoc-Roussillon
Lanzarote
Lappland
Lechweg
Lesbos - Chios
Limesweg
Lofoten
Lothringen
Lungau
Luxemburg - Saarland
Madeira
Mallorca
Malta - Gozo
Marken - Adriaküste
Marokko
Masuren
Maximiliansweg
Mecklenburgische Seenplatte
Menorca
Meran
Mont Blanc
Montafon
Montenegro
Mosel
Moselhöhenweg
Moselsteig
Mühlviertel
München
München - Venedig
Münsterland
Neanderlandsteig
Golf von Neapel
Neckarweg
Neuseeland
Neusiedler See
Niedere Tauern Ost
Niederlande
Niederrhein
Nockberge
Normandie
Norwegen Mitte, Süd, Jotunheimen
Nürnberg
Oberlausitz
Oberpfälzer Wald
Oberschwaben
Odenwald
Ötscher
Ötztal
Ötztal - Pitztal Trekking
Ossola-Täler
Ostfriesland
Ostseeküste
Ost-Steiermark
Osttirol Nord, Süd
Patagonien
Peaks of the Balkans
Peloponnes
Peru
Pfälzer Weinsteig
Pfälzerwald
Pfaffenwinkel
Picardie
Picos de Europa
Piemont Nord, Süd
Pinzgau
Pitztal
Portugal Nord
Provence
Pyrenäen 1, 2, 3, 4
Pyrenäen - GR 11
Regensburg
Rheinhessen
Rheinsteig
Rhodos
Rhön
Riesengebirge
Rom - Latium
Route de Ländle
Rügen

Ruhrgebiet
Rumänien - Südkarpaten
Saar-Hunsrück-Steig
Salzalpensteig
Salzburg
Salzburg - Triest
Salzkammergut Ost, West
Sardinien
Sauerland
Savoyen
Schaffhausen
Schottland
Schwabenkinder-Wege Oberschwaben, Schweiz - Liechtenstein, Vorarlberg
Schwäbische Alb Ost
Schwäbische Alb West
Schwarzwald Fernwanderwege
Schwarzwald Mehrtagestouren Mitte/Nord, Süd/Mitte
Schwarzwald Nord, Süd
Schweden Mitte, Süd
Seealpen
Seefeld
Sierra de Gredos
Sierra de Guadarrama
Sizilien
Spessart
Steigerwald
Steirisches Weinland
Sterzing
Stubai - Wipptal
Trekking im Stubai
Stuttgart
Südafrika West
Surselva
Sylt, Amrum, Föhr
Tannheimer Tal
Tasmanien
Hohe Tatra
Tauern-Höhenweg
Hohe Tauern Nord
Tauferer Ahrntal
Taunus
Tegernsee
Teneriffa
Tessin
Teutoburger Wald
Thüringen Mitte/Nord
Thüringer Wald
Tiroler Höhenweg
Toskana Nord, Süd
Türkische Riviera
Uckermark
Umbrien
Ungarn West
Usedom
Vanoise
Veltlin
Vía de la Plata
Via Francigena
Via Gebennensis
Vierwaldstätter See
Vinschgau
Vizentiner Alpen
Vogelsberg
Vogesen
Vogesen Mehrtagestouren
Vogesen-Durchquerung
Vogtland
Wachau
Waldviertel
Wales
Oberwallis
Unterwallis
Walliser Alpen
Weinviertel
Welterbesteig Wachau
Weserbergland
Westerwald
Westerwald-Steig
Wien
Wien - Lago Maggiore
Wiener Alpenbogen
Wiener Hausberge Nord, Süd
Wilder Kaiser
Zillertal
Trekking im Zillertal
Zürichsee
Zugspitze
Zypern

Vorwort

Stille, immer wieder Stille, ein bisschen Wind, das Knirschen der Schuhe, Vogelstimmen, rostgraue Trockensteinmauern, Himmelsweite, Buschgrün, sehr viel Offenheit und Verlorenheit, Tore aus windschiefem Olivenholz, türkisblaue Sandbuchten mit kristallklarem Wasser: Menorca, »sa calma«, ist die stille kleine Schwester des majestätischen Mallorca. Lange vergessen und links liegen gelassen, hat sie die Industrialisierung und viele fragwürdige touristische Entwicklungen verschlafen und sich Natürlichkeit und Unberührtheit bewahrt. Mittlerweile als Biosphärenreservat weitgehend geschützt, zeigt die Insel eine beeindruckende Vielfalt von kargen rau-schönen Landschaftsformen, eine reiche Flora und Fauna, unbesiedelte einsame Gebiete mit ursprünglichen, mauergesäumten Wegen, unverbaute Strände mit glasklarem Wasser. Ihre Ursprünglichkeit und Naturbelassenheit machen sie zu einer Perle des Aktivurlaubs. Wie nirgends sonst haben sich auf der kleinen Insel auch die dreitausendjährigen Zeugnisse der talayotischen Kultur aus der Bronzezeit erhalten: gewaltige und verblüffende Steinbauten, Siedlungen und Grabhöhlen.

Seit dem Jahr 2011 ist der »Camí de Cavalls« durchgängig als Weitwanderweg GR 223 eröffnet. Ursprünglich im Mittelalter zur Verteidigung der Insel angelegt, erlaubt er heute die vollständige Umrundung der Insel zu Fuß. Auf einer Strecke von insgesamt 185 km passiert er abgelegene feinsandige Buchten und schroffe Uferstücke. Zusammen mit fantastischen alten Wegen über karge Weiden, durch Wälder und Schluchten im Landesinnern werden kürzere und längere Touren und beeindruckende Wandererfahrungen ermöglicht.

Menorca ist die zweitgrößte der vier Baleareninseln und nur dem Namen nach das kleinere Mallorca. In Wirklichkeit ist sie ganz anders als ihre große Schwester: Ihre Kargheit machte sie unwirtlich zum Wohnen, ihre idealen Naturhäfen verliehen ihr einst große strategische Bedeutung als Etappen- oder Rückzugsort. Seit alters her war und ist sie Durchgangspunkt der verschiedensten mediterranen Kulturen, die hier auf kleinstem Raum ihre vielfältigen Spuren hinterlassen haben.

Menorca ist eine schöne kleine Insel mit einer ihr eigenen Größe: Nach allen Seiten öffnet sich der weite Horizont und nimmt die Einflüsse aller Himmelsrichtungen auf. Vom frühen Morgenlicht bis zur letzten Abendröte öffnet sie sich der Sonne. Ohne Widerstand bietet sie sich den Winden dar und lässt an jedem Punkt die Wirkungen des überall nahen Meeres spüren: jeden Tag und jede Stunde den ewigen Wechsel des ewig Gleichen. Ob mehr sportlich-aktiv oder besinnlich-meditativ, wir wünschen Ihnen erholsame, erfüllende und glückliche Tage auf Menorca!

Schaffhausen, Winter 2018/19 — Laura Aguilar und Ulrich Redmann

Inhaltsverzeichnis

Cap de Caval
Binimel·la
Cala Morell
Punta Nati
205
Ciutadella
de Menorca
Me-1
Cala en Blanes
es Merc
Naveta
d'Es Tudons
Ferreri
Sant Joan
Cala Blanca
Cala Galdana
62
Cala en Bosch
St. Tomàs
Cap d´Artrutx
San
1
2
3
4
5
6
28
29
30
31
32
33
34
35
MENORCA

Fornells
9
10
Arenal d´en Castell
11
Addaia
Cap de Favàritx
12
Parc Natural de S´Albufera des Grau
13
Illa d´en Colom
362
Toro
26
Es Grau
orn Gran
Besucherzentrum
Alaior
14
25
Sa Mesquida
Maó-Mahón
Taula
24 Torre d'en Galmès
Cala Llonga
Talati de Dalt
es Castell
21
St. Climent
15
75
23
22
en Porter
20
Trepucó
17
16
Cova d'en Xoroi
Llucmaçanes
Sant Lluís
19
S´Algar
18
Binissafúller
Binibèquer
Alcalfar
Punta Prima
I.de l'Aire

Allgemeine Hinweise

Anforderungen

Die meisten Wanderungen verlaufen auf klar angelegten Wegen. Die geologische Struktur Menorcas bringt es mit sich, dass häufig steile und grobschotterige Wegstücke zu begehen sind. Viele Routen sind in den meisten Jahreszeiten wenig frequentiert, sodass man sie nicht alleine begehen sollte, ohne mindestens andere darüber zu informieren. Die Funkabdeckung für das Mobiltelefon ist allgemein gut, aber an recht vielen Stellen der Küste und in Schluchten nicht gegeben! Wegen der spärlichen Versorgungsmöglichkeiten sind stets ausreichend Nahrung und Flüssigkeit mitzutragen.
Die Anforderungen sind in drei Gruppen eingeteilt; die Farben bedeuten:

Leicht Die Wege sind größtenteils ausreichend breit und deutlich; sie können gefahrlos auch von weniger Geübten begangen werden. Die reine Gehzeit überschreitet 3 Stunden kaum.

Mittel Die Routen können längere Zeit über schmale oder undeutliche Pfade führen; es wird ein gewisses Maß an Orientierungssinn und Kondition vorausgesetzt.

Schwierig Solche Touren sind in diesem Wanderführer nicht enthalten, da sie entweder nicht empfehlenswert sind oder über Privatgelände führen.

Gehzeiten

Es werden stets die reinen Gehzeiten einer durchschnittlich trainierten Person ohne jegliche Pausen angegeben. Wenn Sie ab und an noch etwas betrachten, die Aussicht genießen und ein Foto schießen wollen, so ist die Wanderzeit erfahrungsgemäß rasch um gut die Hälfte länger; bei einer ange-

Symbole

mit Bus erreichbar	archäologische Stätte
Einkehrmöglichkeit unterwegs	Turm
für Kinder geeignet	Leuchtturm
Ort mit Einkehrmöglichkeit	Quelle
Einkehrmöglichkeit	Höhle
eingerichteter Parkplatz	Abzweig links/rechts
Busanschluss	Aussichtsplatz
Kirche	Bademöglichkeit

Cala Macarella.

gebenen Gehzeit von beispielsweise 3 Stunden werden sie kaum früher als nach 4½ bis 5 Stunden am Zielort eintreffen. Ausgedehntere Rastzeiten, Strandaufenthalte oder Besichtigungen sind dazuzurechnen.
Die längeren Routen wurden nach Möglichkeit auf etwa 4 bis 5 Stunden reine Gehzeit konzipiert. Mit dem späten spanischen Frühstück und der Anreise ist so auch im Winterhalbjahr eine sichere Tagestour zu bewältigen, während im Sommer ein längerer Badehalt in einer Bucht möglich ist. Wenn Sie länger gehen möchten, können Sie an den meisten Orten problemlos zwei Routen kombinieren.

Anfahrt zu den Touren

Für die Anfahrt zu fast allen Touren ist man auf Privatfahrzeuge angewiesen. Die Routen sind daher nach Möglichkeit so konzipiert, dass sie an den Ausgangspunkt zurückführen; gelegentlich werden Varianten angeführt. Die Erschließung mit öffentlichen Verkehrsmitteln ist für Wanderbedürfnisse in der Regel nicht gegeben, da die Busse nur die belebteren Orte miteinander verbinden. Bei den Touren wird auf die (saisonale) Möglichkeit der öffentlichen Anreise hingewiesen.
Taxis sind in allen Orten stationiert, in den Urlaubsorten nur während der Saison. Auf der ganzen Insel gelten folgende zwei Taxirufnummern: Tel. 971 482 222 und 971 367 111, auf der Webseite www.taximenorca.es sind weitere Informationen und Richtpreise zu finden.

Der größte Naturhafen Europas: der Port de Maó.

Ausrüstung

Das Gelände ist meist rau und karstig und solides Schuhwerk (am besten leichte Bergstiefel) daher unabdingbar. Viele Routen können bei warmem Wetter problemlos in kurzen Hosen begangen werden, sodass sich Wanderhosen mit abtrennbaren Hosenbeinen bewährt haben. Eine Kopfbedeckung und hochwertiger Sonnenschutz sind in allen Jahreszeiten selbstverständlich. Sehr kalt wird es nie, doch kann der starke Wind unangenehm werden; eine winddichte Jacke und ein Ohrenschutz sind dann angezeigt. Verpflegungsmöglichkeiten und Trinkwasserbrunnen sind unterwegs kaum gegeben: Tragen Sie also stets einen ausreichenden Vorrat an Nahrung und vor allem Wasser mit sich. Die Mitnahme von Badekleidung ist optional, in vielen der unverbauten Buchten kann problemlos auch nackt gebadet werden.

GPS-Tracks und Koordinaten der Ausgangspunkte

Zu diesem Wanderführer stehen auf der Internetseite des Bergverlag Rother (www.rother.de) GPS-Tracks und Koordinaten der Ausgangspunkte zum kostenlosen Download bereit – Benutzername: **gast** / Passwort: **wfMenor03pL37Q**

Sämtliche GPS-Daten wurden von den Autoren im Gelände erfasst. Verlag und Autoren haben die Tracks und Wegpunkte nach bestem Wissen und Gewissen überprüft. Dennoch können wir Fehler oder Abweichungen nicht ausschließen, außerdem können sich die Gegebenheiten vor Ort zwischenzeitlich verändert haben. GPS-Daten sind zwar eine hervorragende Planungs- und Navigationshilfe, erfordern aber nach wie vor sorgfältige Vorbereitung, eigene Orientierungsfähigkeit sowie Sachverstand in der Beurteilung der jeweiligen (Gelände-)Situation. Man sollte sich für die Orientierung auch niemals ausschließlich auf GPS-Gerät und -Daten verlassen.

Die Top-Touren auf Menorca

Punta Nati

Die unbewohnten Weiten über der bizarren Felsküste des Nordwestens – schattenlos und eindrücklich (Tour 1, 5.45 Std.).

La Vall und Algaiarens

Eine Vielfalt an Landschaften: schöne Wälder, raue Steinstrände, Grate und Täler sowie eine Traumbucht (Tour 3, 6.30 Std.).

Castell de Santa Àgueda

Kurz und aussichtsreich – auf steingepflasterten Wegen hinauf zu den Ruinen eines ehemaligen maurischen Herrschaftssitzes (Tour 5, 1.15 Std.).

Die Königsetappe des Camí de Cavalls

Auf und ab entlang der geologisch variantenreichen Nordküste über Höhen und durch Buchten; ein Genuss für Trainierte (Tour 6, 6.30 Std.).

Cap de Favàritx

Der Klassiker der Ostküste durch den Naturpark zum Bilderbuch-Leuchtturm auf dem faszinierenden Cap de Favàritx (Tour 13, 6.15 Std.).

Traditionelle Steinmauerwege

Ohne Aussicht und Weitblick – ein fast meditativer Rundgang durch das ländliche Landesinnere (Tour 17, 2.30 Std.).

Cova des Coloms

Die größte Höhle der Insel samt schmalen Wegen durch eine vegetationsreiche Schlucht zu weiten Sandstränden (Tour 29, 2.15 Std.).

Barranc d'Algendar

Hier zeigt der alte Camí Reial noch seine ursprüngliche Gediegenheit und leitet durch einen der mystischsten Orte der Insel (Tour 31, 4.30 Std.).

Die zentrale Südküste

Große Runde durch die unberührte Südküste mit einsamen Buchten und weiten Wäldern (Tour 32, 5.45 Std.).

Die Türkisbuchten des Südens

Die Genusstour im Süden! Das Grün der Kiefern im Schatten des mediterranen Waldes leuchtet mit dem Türkisblau des kristallklaren Wassers um die Wette (Tour 33, 4.15 Std.).

Wandern mit Kindern auf Menorca

Grundsätzlich können alle Routen auch mit ausreichend trainierten Kindern begangen werden, die sich im freien Gelände zu verhalten wissen: Felsklippen, Höhleneingänge und dergleichen sind häufig nicht speziell gesichert. Viele der Touren auf Menorca haben aber eine gewisse Abgeschiedenheit und Monotonie: Was für Erwachsene gerade einen speziellen Reiz ausmachen kann, wird für Kinder schnell zur Langeweile.

Weitwandern: Der Camí de Cavalls

Die einzige Möglichkeit für Weitwanderer auf Menorca ist der GR 223, der besser bekannt ist unter dem Namen Camí de Cavalls. Der »Pferdeweg« umrundet die gesamte Insel ausgehend von der Hauptstadt Maó in 20 Etappen auf einer Gesamtlänge von 185 km. Er ist durchgehend nach einheitlichen Richtlinien gestaltet, ausgebaut und markiert. Der Weg wird sorgfältig gepflegt, schwierigere Passagen sind gesichert. Er bildet das »Herzstück« des Wanderns auf Menorca.

Unverkennbar Camí de Cavalls: dunkelrote Wegweiser und menorquinische Gattertore zwischen neuen Quaderpfosten.

Der Camí de Cavalls wurde erst 2011 nach gut 10-jähriger Vorarbeit durchgehend eröffnet. Die Hauptschwierigkeit bestand darin, mit den Grundbesitzern eine Einigung über die Gewährung des Durchgangs zu erzielen. Der Weg folgt größtenteils der Streckenführung aus dem Mittelalter, als er erstmals angelegt wurde, um die Verteidigungstürme zu verbinden und die Insel erfolgreicher gegen die Piraten verteidigen zu können.
Der Camí erlaubt die Umrundung der Insel zu Fuß, per Mountainbike oder Pferd. Die 20 Etappen sind unterschiedlich schwierig, unterschiedlich lang und auch unterschiedlich schön. Sie werden gern in etwa 10 Tagesetappen zusammengefasst. Es ist zu beachten, dass dabei die Anfangs- und Endpunkte dieser Tageswanderungen keine Infrastrukturen für Weitwanderer aufweisen (keine Unterkünfte, keine sanitären Einrichtungen, keine Wasserstellen und Verpflegungsmöglichkeiten, keine Bushaltestellen etc.). Das freie Übernachten oder Campieren ist verboten. Das Problem besteht also darin, dass sich Weitwanderer die Zufahrt zum Ausgangspunkt und die Rückfahrt am Abend organisieren müssen, was in der Regel nur mit Taxis möglich ist. Wer wirklich die Insel auf dem Camí de Cavalls umrunden will, kann sich einem entsprechenden Wanderunternehmen anschließen und so das Transportproblem lösen.

Im Gegensatz zu anderen Weitwanderungen bietet die Umrundung der Insel keinen Wechsel der Landschaft oder der Umgebung. Bei aller Unterschiedlichkeit der Streckenabschnitte im Einzelnen bleibt der Gesamtcharakter der Wanderung stets derselbe: Sie folgt auf schmalen Wegen der Küste, die mal steiler, mal flacher ist; mal steiniger, mal sandiger; mal felsiger, mal bewaldeter – immer bleibt das Meer zur Rechten, die Insel zur Linken. Es gibt keine alten Dörfer an der Küste, höchstens neuzeitliche Urbanisationen, keine Sehenswürdigkeiten außer ein paar Höhlen.
Dieser Wanderführer verzichtet darauf, die Etappen des Camí de Cavalls gesondert zu beschreiben. Entsprechende Angaben sind leicht im Internet, in Reiseprospekten oder in diesbezüglichen Führern zu finden. Es werden aber ausnahmslos alle lohnenden Strecken des Camí als Tagesausflüge, die zum Ausgangspunkt zurückführen, beschrieben. Dabei ist es teilweise unumgänglich, dass auf dem Rückweg die gleiche Strecke wie im Hinweg begangen wird.
Auf den vorliegenden Karten der Insel scheinen sich nicht selten Wege anzubieten, die scheinbar eine Rückkehr als Rundweg ermöglichen. Versuchen Sie es nicht! Es handelt sich in der Regel um Privatwege, deren Benutzung verboten ist.
Weitere empfehlenswerte Informationen zum Camí de Cavalls findet man in folgenden Büchern:

- Editorial Alpina, Menorca, Camí de Cavalls-GR 223, mit Karte (und mit deutschem Übersetzungsteil).
- Triangle Postals, El Camí de Cavalls de Menorca, auch auf Deutsch; Beschreibung des Weges in 10 Tagesetappen.

Im Internet:

- www.gr223.info (auch auf Deutsch).
- www.menorcadiferente.com; reichhaltige Informationen über die gesamte Insel.

Refugios – Schutzhütten

Auf Menorca gibt es keine öffentlich zugänglichen Schutzhütten.

Karten

Grundsätzlich sind die im Wanderführer dargestellten Kärtchen und die Wegbeschreibung ausreichend, um die Routen problemlos zu finden. Eine einfache Straßenkarte, wie sie überall erhältlich ist, hilft bei der großräumigen Orientierung. Weiteres und detaillierteres Kartenmaterial ist nicht nötig. Die beste Karte für Wanderzwecke liefert zurzeit Editorial Alpina mit »Menorca, Camí de Cavalls – GR 223«. Aber auch diese Karte enthält keine Hinweise, welche Gebiete als Privatgrundstücke gesperrt sind. Für die Wanderung verlassen Sie sich bitte auf die beigefügten Routenskizzen und die Beschreibung bzw. auf die GPS-Tracks.

Das Binnenland der Tramuntana.

Gefahren

Menorca ist ein sicheres Wandergebiet ohne besondere Gefahren. Bei Sturmwetter pfeift der Wind ungebremst über die Insel; meiden Sie dann Wälder, ausgesetzte Küstengrate und den Aufenthalt nahe am Wasser.

Bei Starkregen sind die »Barrancos«, die meist ausgetrockneten Bachbetten, unbedingt zu meiden, da sie in kürzester Zeit von großen Wassermassen überschwemmt werden können. Wegen der hohen Waldbrandgefahr ist offenes (Lager-)Feuer außer an den dafür vorgesehenen Grillstellen verboten, glühende Zigarettenkippen dürfen niemals aus dem Autofenster oder sonst in die Landschaft geworfen werden.

Gelegentlich treten in den strandnahen Gewässern vor Menorca größere Mengen an Quallen (Medusen) auf, von denen einige Sorten heftige Hautreaktionen auslösen können. Als Faustregel gilt, dass landeinwärts wehender Wind die Quallen in die Buchten schiebt, während der Wind meerwärts sie hinaustreibt. Bei Nordwind (Tramontana) sind also die Küsten des Südens zu empfehlen, bei Südwind (Migjorn) geht man besser in die Buchten der Nordküste. Beachten Sie örtliche Hinweise.

Notfall

Die zentrale Notrufnummer für alle Situationen lautet 112.

Polizei (Policía Nacional): 091; Guardia Civil: 062.

Größere Gesundheitszentren (Centre de Salut, spanisch Centro de Salud) und Arztpraxen befinden sich in Maó, Ciutadella und Alaior. Das moderne Inselhospital Mateu Orfila befindet sich in Maó an der Umgehungsstraße. Apotheken sind zahlreich und haben in der Regel von 9 bis 13 Uhr und von 16.30 bis 20 Uhr geöffnet.

Wandern auf Menorca

Menorca ist eine ausgesprochen naturbelassene Insel. Das Landschaftsbild ist geprägt durch weite, einsame Weiden mit unendlichen Trockensteinmauern, ausgedehnte Wälder und natürlich durch die über 300 km Küste, die größtenteils unbebaut ist und teils felsige Steilufer mit schroffen Felsformationen und tief eingeschnittenen Buchten, teils weite Sandstrände aufweist. Die Landwirtschaft ist zum überwiegenden Teil extensiv: Kleine Kuhherden beweiden ganzjährig die grasarmen Weiden. Nur an wenigen Stellen ist die Bewirtschaftung dank Bewässerung intensiver.

Menorca ist eine kleine Insel mit einem wunderbar offenen Horizont, die gleichzeitig behagliche Geborgenheit und gelassene Geräumigkeit vermittelt, ein faszinierendes Wechselspiel von Nähe und Weite: Während sich der Vordergrund mit einer Vielfalt von Pflanzen, Formen, Vögeln und Farben füllt, ist der Himmel weit und aus allen Richtungen gehen die Winde über die Insel hinweg, als wäre sie nichts – ewige Unbedeutendheit. Schritt für Schritt verbindet sich viel nahe Sinnlichkeit mit der Ewigkeit des Meers und des Himmels, immer wechselnd, immer gleich, und die urgeschichtlichen Bauten stehen, als wären Tausende von Jahren nur ein unbedeutender Schritt.

Die Cala Pregonda an der Nordküste.

Traditioneller Trockenmauerweg mit windkrummen Olivenbäumen (Camí de Rafal).

Auf Menorca findet man keine geraden Linien und rechten Winkel: Alles ist organisch gewachsen, natürlich, windschief. Nicht einmal das Gestein zerbricht mit geraden Kanten; die meisten Brocken zeigen wilde, zerfressene, durchlöcherte Formen. Nur die Symmetrie wirkt als Ordnungselement in den Mauertrittsteinen oder den Toren: Auch das krummste Holz wird symmetrisch, wenn es in der Mitte gespalten und auseinandergeklappt ist.
Menorca ist eine körperliche, sinnliche Insel mit einem weiten Atem: Ständig fühlt man die Luft auf der Haut, den Wind in den Haaren, das Licht in den Augen, die Füße auf dem unebenen Grund, man bewegt sich, riecht und hört die Geräusche der Natur. Wandern auf Menorca heißt gehen durch viel Natur unter großen Himmeln, oft in Nähe des Meeres, das mit seinem unvergleichlichen Türkisblau durch die Kiefernwälder leuchtet. Oft kommt man stundenlang an keiner bewohnten Stelle vorbei. Menorca ist herbschön und zeigt viel spröden Charme: eine Insel zum Sich-Wohlfühlen, zum Gern-da-Sein.
Wandern hat keine Tradition auf Menorca. Die Menschen bewegten sich auf der Hauptverkehrsachse der Insel oder auf dem Meer. Die weiten Gebiete im Landesinnern waren ausgedehnte Privatgrundbesitze, wo sich außer den Hirten und Jägern kaum jemand aufhielt. Die wenigen Wege führten zu den Höfen und waren versperrt. Dies ist bis heute so geblieben; immer noch sind große Teile der Insel unzugänglich. Dies ist gelegentlich ärgerlich, hat die Insel in der Vergangenheit aber vor einer intensiveren Verkehrserschließung bewahrt.
Erst in den letzten Jahren hat ein Umdenken begonnen. Mit der Eröffnung des Camí de Cavalls im Jahr 2011 wurde erstmals entschlossen eine Basis geschaffen, die das Wandern auf Menorca ermöglicht. Doch da die Wege im Hinterland noch häufig gesperrt sind, sind mancherorts theoretisch mögliche Rundtouren ausgeschlossen.

Geschichte und talayotische Kultur

Die ältesten Zeugnisse der menschlichen Besiedlung auf Menorca gehen zurück in die frühe Bronzezeit um rund 2000 v. Chr., die sogenannte prätalayotische Zeit: Begräbnishöhlen und »Navetas« (Zimmer aus Steinplatten) zeugen davon. Etwa um 1400 v. Chr. entstanden die Bauten der talayotischen Kultur. Ein Talayot ist eine konische Turmkonstruktion aus großen Felsbrocken, die als Wachtturm, Herrschafts- und Grenzzeichen diente. In deren Nähe befanden sich Dörfer mit teils herrschaftlichen Häusern mit säulengetragenen Dächern. Vielerorts wurde als Kultstätte eine Taula errichtet: ein megalithischer Tisch aus zwei Riesensteinplatten. Nur auf Menorca haben sich die Zeugnisse dieser Epochen so zahlreich erhalten.

Rund 100 Jahre vor Christus eroberten die Römer Menorca und errichteten drei Städte: Mago (Mahón, Maó), Jamma (Ciutadella) und Sanisera (Sanitja, vgl. Tour 8). Nach dem Untergang des römischen Reiches blieben die Besitzverhältnisse jahrhundertelang wechselhaft, bis von 903 bis 1287 die Insel fast 400 Jahre unter muslimischer Herrschaft stand. Viele lokale Namen erinnern noch an diese Zeit (Binissaida, Binifabin ...).

Schließlich wurde Menorca von den Spaniern erobert. Die Bewohner wurden als Sklaven verkauft, das Land unter wenigen aufgeteilt und »mit guten katalanischen Menschen« besiedelt. Aus dieser Zeit stammt die bis heute gültige Großgrundbesitzstruktur, die das Wandern so sehr behindert.

Reste eines talayotischen Hauses in Torre d'en Galmès.

Nach schwierigen Jahrhunderten fiel Menorca ab 1713 für knapp 100 Jahre den Engländern zu, die eine reichhaltige Bautätigkeit entfalteten: Sie bauten die Küstenbewachung aus, stellten den Binnenverkehr durch einen modernen Straßenbau sicher und versahen insbesondere den Hafen von Maó mit den heute noch bestehenden Festungsanlagen. Seit 1802 gehört Menorca wieder zu Spanien.

Sprache

Die einheimische Sprache auf der Insel ist »Menorquí«. Dies ist kein Dialekt des Spanischen, sondern die inseltypische Ausprägung des Katalanischen. Katalanisch (català) ist eine eigene, variantenreiche Sprachgruppe, die von Südfrankreich der Mittelmeerküste nach bis unter Valencia und auf den balearischen Inseln gesprochen und geschrieben wird. Es handelt sich um eine offizielle Sprache, die auch in den Schulen und Universitäten, in Zeitungen und Fernsehprogrammen sowie im Amtsverkehr gebraucht wird. Daneben ist auch das »Castellano«, das Hochspanische des Gesamtstaates Spanien, offizielle Amtssprache und sehr gebräuchlich. Die beiden Sprachen werden im Alltag von den meisten Menschen absolut gleichwertig gebraucht. Häufig sind sich die Leute spontan nicht bewusst, in welchem Idiom sie sich gerade bewegen.

Cala Macarelleta an der Südküste.

Die im Deutschen so klare Ausrichtung auf eine korrekte Rechtschreibung gemäß den Regeln wird im Spanischen lockerer gesehen und in Menorquí noch viel weniger strikt gehandhabt. Ortsnamen beispielsweise tauchen nicht selten in verschiedenen Varianten auf. Dieser Wanderführer folgt den Schreibweisen der offiziellen Cartografía de Menorca des Consell Insular de Menorca CIME.

Fast als weitere Landessprache lässt sich auf Menorca das Englische bezeichnen. Obwohl die Engländer die Insel im 18. Jh. nur knapp 100 Jahre besetzt hielten, haben sie sie außerordentlich stark beeinflusst. Das Gebiet um den Hafen von Maó wirkt bis heute ausgesprochen britisch. Viele Engländer kommen als Touristen oder besitzen gar Wohnungen und Häuser dort. Entsprechend ist ihre Sprache stark präsent.

Der höchste Berg Menorcas: der 362 m hohe Monte Toro.

Als vierte Sprache folgt Französisch, während das Deutsche nicht so verbreitet wie beispielsweise auf Mallorca ist. Immerhin sind inzwischen viele Sehenswürdigkeiten auch deutsch beschriftet und die wichtigsten Prospekte übersetzt. In den Haupttouristenorten, wie auf dem Flugplatz und den in Hotels der Südküste kann man sich recht gut auch auf Deutsch verständigen. Man benötigt also nicht zwingend einen Sprachführer für einen erfreulichen Aufenthalt auf Menorca.

Geografie

Mit einer Größe von 702 km² und einer Küstenlänge von 300 km ist Menorca die zweitgrößte der Balearischen Inseln. Sie nimmt den fünften Teil der Größe Mallorcas ein und ist etwas größer als der Bodensee. Die Einwohnerzahl liegt bei knapp 100.000.

Menorca hat etwa die Form einer Auberginenscheibe mit den beiden größeren Städten an den beiden Enden, während die übrigen Orte in der Mitte auf der Verbindungslinie dazwischen liegen. Die übrigen Teile und die Küsten im Norden sind sehr dünn besiedelt. Die längste Entfernung ist mit 47 km die Strecke zwischen den beiden Städten Maó und Ciutadella; die Me-1 stellt gleichzeitig die wichtigste Hauptverbindungsstraße dar. Die breiteste Stelle beträgt rund 18 km.

Die Kalkplatte des Migjorn: Südküste zwischen Sant Tomàs und Son Bou.

Menorca weist kaum Berge auf; die höchste Erhebung, der Monte Toro, ist gerade einmal 362 m hoch. Man kann sie daher mit Fug und Recht als flache Insel bezeichnen. Das darf nicht darüber hinwegtäuschen, dass sie in Wirklichkeit ausgesprochen zerklüftet ist. Viele lange, tiefe Barrancos furchen ihre Oberfläche und haben mit ihren senkrechten Schluchtwänden seit alters her das Durchkommen behindert. Andererseits haben diese Schluchten eine Vielzahl von Buchten in der Felsküste herauserodiert und mit feinem Sedimentsand gefüllt.
Der Verkehr verlief daher früher größtenteils zu Wasser der Küste entlang oder aber den oberen Schluchträndern folgend, das heißt mehr oder weniger auf der Mittellinie der Insel. Dort wurde vielleicht schon von den Römern, sicher aber im Mittelalter der Camí Reial (auch Camí Vell, alter Weg, genannt) angelegt – wenige Teilstücke davon können wir noch heute begehen. Im 18. Jh. wurde dann durch den britischen Gouverneur Richard Kane der Camí d'en Kane gebaut, der größtenteils noch erhalten und befahrbar ist. Entlang dieser Mittellinie liegen auch die größeren Orte Menorcas, während der Rest nur durch Stichstraßen erschlossen und sehr dünn besiedelt ist.

Natur- und Umweltschutz

Menorca ist seit 1993 UNESCO-Biosphärenreservat, was bedeutet, dass die dortige Entwicklung und Bewirtschaftung besondere Rücksicht auf Nachhaltigkeit und ein intaktes Ökosystem nehmen soll. Knapp die Hälfte der Insel unterliegt strengen Natur- und Landschaftsschutzregeln (ANEI, Áreas Naturales de Especial Interés). Viele Gebiete zeigen dementsprechend ihr ursprüngliches Gesicht und sind frei von Auswüchsen der Industrie oder des Tourismus. Die intensiven touristischen Einrichtungen konzentrieren sich auf klar definierte Gegenden. Im Osten befindet sich der Naturpark Parc Natural de s'Albufera des Grau mit seinem besuchenswerten Zentrum; weite Teile der Nordküste und des angrenzenden Meeres bilden das Naturreservat Reserva Marina del Nord de Menorca.

Geologie

So klein und kompakt Menorca auch scheinen mag, besteht die Insel doch aus zwei ungefähr gleich großen, geologisch sehr unterschiedlichen Teilen:
Die Tramuntana: Nördlich einer Linie, die vom Hafeneinschnitt von Maó nach Nordwesten quer durch die Insel bis in die Gegend von Cala Morell verläuft, liegt der weitaus ältere Teil mit den ältesten Gesteinen der Balearen aus dem Paläozoikum und Mesozoikum. Diese Nordhälfte heißt Tramuntana und steigt als ursprünglich schroffes Gebirge nur wenig aus dem Meer auf. Diese Berge wurden von der Erosion stark abgetragen, sodass eine rundhügelige Landschaft entstanden ist, in der die Zwischenräume zwischen den Hügeln von den Sedimenten aufgefüllt sind, wo sich das Regenwasser staut. Dadurch zeigt sich dort eine fast irisch anmutende grüne Landschaft mit

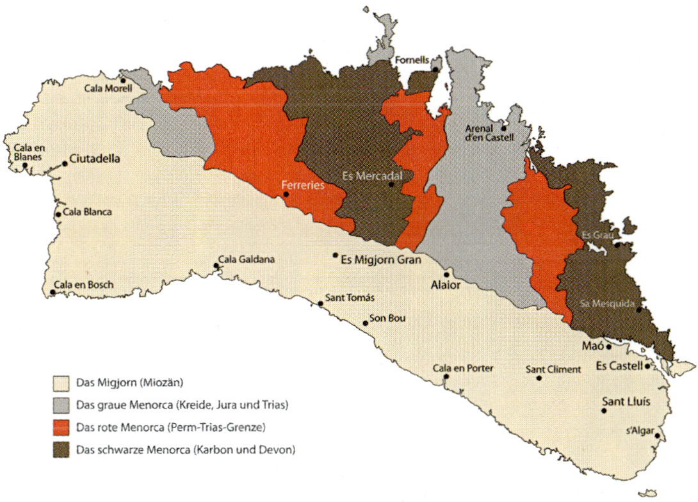

In der Tramuntana: die höchste Stelle des Camí de Cavalls an der Nordküste.

ausgedehnten Moorgebieten. Wo die Täler des Gebirges nicht ganz aus dem Meer aufgetaucht sind, bestehen lange Buchten und Häfen (Hafen von Maó, Port d'Addaia, Fornells). Das Gebiet der Tramuntana kann in drei Regionen eingeteilt werden:

a) das schwarze Menorca – Menorca fosca: Schwarze, graue und braune Gesteine aus dem Devon und Carbon (Touren 6, 9, 12, 13, 14).

b) das rote Menorca – Menorca vermella: Siliziumgesteine aus der Trias (Touren 3, 5, 10).

c) das graue Menorca – Menorca grisa oder Tramuntana calcária: Kalk- und Dolomitgesteine aus Jura und höherer Trias (Touren 2, 8, 10, 11).

Das Migjorn: Die südliche Hälfte Menorcas besteht aus einer praktisch flachen Platte aus Kalkstein aus dem Miozän. Sie fällt mit senkrechten Steilküsten ins Meer ab, an der höchsten Stelle der Südküste rund 80 Meter, an den Rändern (Maó und Ciutadella) noch rund 15 Meter. Man nennt diesen Teil auch das Weiße Menorca – Menorca blanca. Das verkarstete Gebiet ist eher trocken und von kargen Weiden und Steinmauern geprägt. Die homogene, unverformte Platte ist von tiefen Schluchten durchzogen. Diese haben die Steilküsten aufgebrochen und münden in Sandbuchten. Teilweise hat sich der Sand auch vorgelagert, sodass weite Sandstrände und Dünenlandschaften entstanden sind.

Dünen-Trichternarzisse (auch Strandlilie), Lliri blanc (Pancratium maritimum).

Vegetation

Als feuchteste der Baleareninseln zeigt Menorca eine reichhaltige, typisch mediterrane Vegetation. Die drei häufigsten Baumsorten sind die

Steineiche, die Kiefer und der wilde Olivenbaum (Ullastre). Die Steineichen bilden dicht gewachsene immergrüne Wälder, in denen man auch den hübschen Erdbeerbaum (Madroño), verschiedene Kreuzdorne und die schmalblättrige Steinlinde mit ihren Fruchtrispen findet. Teils gemischt mit Eichen erheben sich die Aleppokieferwälder im Zentrum und Norden der Insel, aber auch an der zentralen Südküste. Die wilden Olivenbäume begnügen sich mit kargen, trockenen Böden, wo sie niedriggewachsene, dichte Gemeinschaften mit einer reichen Unterholzvegetation bilden. Sie begleiten häufig als windschiefe Baumwände die Trockensteinmauern, wo sie wertvolle ökologische Nischen bilden und die alten Wege beschatten.

Erdbeerbaum, Madroño (Arbutus unedo).

Nur wenige Gebiete werden intensiver bewässert und kultiviert, so z. B. der Barranco von Cala en Porter mit seinen vielfältigen Obstplantagen. Der weitaus größere Teil der Insel wird extensiv als Weideland genutzt. Feigenbäume sind dort zahlreich anzutreffen.

Eine Vielzahl von Pflanzen wächst an den Küsten: in den Dünen die wunderbare Meerlilie, die Stranddistel und die Sonnen-Wolfsmilch, im Norden auch die faszinierenden Stachelbüsche. Typisch sind auch der Wacholder, der Mastixstrauch, die Zwergpalmen, Rosmarin und Salbei, nebst vielen andern. Über den Steilküsten wächst dichte und hohe, fast undurchdringliche Macchia.

Ganzjährig, natürlich besonders im Frühjahr, stets abhängig von der Regenmenge, ist Menorca auch voll blühender Blumen in allen Farben: weiße Zyklamen in den Wäldern, buschige weiße oder rosafabene Zistrosen, Erikabüsche oder Narzissen und viele mehr.

Fauna

Die wohl am häufigsten bemerkbaren Tiere beim Wandern auf Menorca sind die Vögel, die mit ihrem Geplauder und ihren Schreien und Gesängen die Stille beleben: Grasmücken, Rotkehlchen, Stieglitze, Drosseln und Stare sind verbreitet, der exotisch-diskrete Ruf der Bienenfresser und die gellenden Pfiffe der Mauersegler, das Geplauder der Schwalben sind zu hören und die Flötentöne der Stare und Amseln wie das Gurren der Tauben. Hoch in den Lüften kreisen Sturmvögel, Sturmschwalben, Falken, der Rotmilan und der Fischadler; an der Küste taucht der Kormoran oder breitet seine Flügel weit aus. Menorca ist auch ein beliebter Rastplatz für Migranten auf ihrem Weg zwischen Europa und Afrika: Viele Wandervögel benutzen Menorca zur Brut, so z. B. Störche und Reiher, aber auch Stockenten, das Blässhuhn und die Wasserralle.

Raupen und Insekten in großer Zahl bevölkern die Vegetation, die Gottesanbeterin verharrt in ihrer erstarrten Stellung. Und mit etwas Ruhe lassen sich die vielen Reptilien beobachten: Geburtshelferkröten, die schmucken Mittelmeer-Schildkröten, zahlreiche Eidechsen (die symbolhafte Sargantana, die balearische Eidechse, muss schon speziell auf ihrer Insel gesucht werden und läuft einem nicht einfach über den Weg), aber keine giftigen Schlangen.

Ebenfalls zur Fauna gehören die Kühe. Meist handelt es sich um die schwarzweißen friesischen Kühe, aber auch die einheimische rote Kuh ist zu sehen. Sie liefern die nötige Milch für die Inselspezialität Queso de Mahón, den Menorca-Käse. Auch viele Esel stellen neugierig ihre Ohren auf. In Gehegen weiden die menorquinischen Pferde: schwarz-glänzend, schlank, langbeinig und rundäugig – der Stolz der Volksfeste und Reitveranstaltungen.

Von den kleineren Säugetieren sind Iltisse, Marder, Kaninchen, Igel, Fledermäuse und Ratten zu erwähnen. Und natürlich die Meerestiere: Die vielen Krebse und Fische, die sich in den Felsbuchten blicken lassen, während die Butte, Brassen, Seeteufel, der große Drachenkopf und viele mehr sich den Wandernden am ehesten auf den Fischmärkten präsentieren.

Kormoran, Cormorán (Phalocrocorax carbo).

Information und Auskunft

Auskunft

- Spanien allgemein: www.spain.info/de oder www.fremdenverkehrsamt.com/spanien.html.
- Deutschland:
  - Berlin: Spanisches Fremdenverkehrsamt, Lietzenburgerstraße 99, 10707 Berlin, Tel. +49 30 882 6543.
  - Düsseldorf: Turespaña, Grafenberger Allee 100, 40237 Düsseldorf; Tel. +49 211 680 3981.
  - Frankfurt am Main: Turespaña, Myliusstraße 14, 60323 Frankfurt am Main, Tel. +49 69 725 033.
  - München: Turespaña, Postfach 151940, 80051 München, Tel. +49 89 5307 460.
- Schweiz: Spanisches Fremdenverkehrsamt, Seefeldstr. 19, 8008 Zürich, Tel. +41 44 253 60 50, www.spanieninfo.ch.
- Österreich: Turespaña, Walfischgasse 8, 1010-1 Wien, Tel. +43 1 512 9580.
- Im Internet:
  - www.menorca.es: Offizielle Tourismus-Website von Menorca mit vielen Informationen auch auf Deutsch.
  - www.menorcalive.de: vielfältige Informationen auf Deutsch.
  - www.gr223.info: Informationen zum Camí de Cavalls.
  - www.menorcadiferente.com: reichhaltige Informationen, allerdings nur auf Spanisch.

Anreise

Mit dem Flugzeug: Aus Deutschland, Österreich und der Schweiz bestehen nur relativ wenige Direktflüge nach Menorca, die meisten davon auch nur in der Hochsaison. Häufig ist daher ein Zwischenstopp unvermeidlich, meist in Barcelona, Palma de Mallorca oder gar Valencia. Preiswerte Flüge sind recht schwierig zu finden. Nicht selten lohnt sich die Suche nach zwei unabhängigen Flügen; beispielsweise Deutschland – Mallorca und Mallorca – Menorca. Eine empfehlenswerte Variante zur individuellen Anreise sind Angebote zum Pauschalurlaub.

Mit der Fähre: Im ersten Morgenlicht auf dem Deck einer Fähre majestätisch in den Hafen von Maó, den größten Naturhafen Europas, zu gleiten, ist eine unvergleichlich schöne Art, auf Menorca anzukommen. Mit dem Auto rechnet sich die Fahrt nur, wenn man länger auf Menorca bleiben will, ohne Wagen aber stellt sie eine recht günstige Überfahrtmöglichkeit dar.

Fährverbindungen bestehen zwischen Maó und Barcelona, Maó und Palma de Mallorca sowie Maó und Valencia, sowie zwischen Ciutadella und Barce-

Klimatabelle Menorca													
	Monat	**1**	**2**	**3**	**4**	**5**	**6**	**7**	**8**	**9**	**10**	**11**	**12**
Tag*	**°C**	14	14	15	17	21	25	28	29	26	22	18	15
Nacht*	**°C**	7,5	7,5	8	10	13	17	20	21	19	15	11	9
Wasser	**°C**	14	12	14	14	17	20	23	25	23	21	17	15
Sonnenstunden/Tag		4	6	6	7	9	10	12	10	7	5	5	4
Regentage/Monat		9	8	8	7	5	3	1	3	6	11	9	12

***Tag: Mittelwert der Tageshöchsttemperaturen. Nacht: Mittelwert der Tagestiefsttemperaturen.**

lona und Ciutadella und Alcúdia (auf Mallorca) (teils saisonal) sowie von Valencia und Dénia nach Palma de Mallorca.
Informationen zu Fährverbindungen z. B. auf www.aferry.es.

Telefon

Die Vorwahl für Menorca (Spanien) ist 0034.

Beste Jahreszeit

Menorca ist eindeutig ein Ganzjahreswanderziel! Zwar wandern die meisten Leute im Sommer, aber wohl einfach deswegen, weil sie eben dann Ferien haben oder das Wandern mit Wassersportaktivitäten verbinden wollen. Zwischen Mitte Juli und Mitte September platzt Menorca aus allen Nähten: Die Wege sind viel begangen und auch die einsamsten Buchten gut belegt. Nicht wenige der Zufahrtspisten zu den küstennahen Parkplätzen müssen dann bereits tief im Landesinnern gesperrt werden, weil keine Parkmöglichkeiten mehr zur Verfügung stehen. Auch in den Küstenorten herrscht dann Hochbetrieb: Es wird gesegelt, gesurft, gepaddelt, getaucht und geschwommen – und natürlich flaniert und genossen.
Wer es gern etwas ruhiger angehen lässt, wird also eine andere Jahreszeit wählen: Ab etwa Mai bis zum Wetterwechsel im Oktober hat das Meer angenehme Badetemperatur. Frühling und Herbst empfehlen sich also für die Kombination von Wandern und Badeurlaub.
Am letzten Septemberwochenende findet der Epic Trail auf dem Cami de Cavalls statt, der dann stark begangen ist.
Wer nicht unbedingt baden will, findet im Winterhalbjahr wunderschöne Wanderbedingungen vor: ein klares, weites Licht, angenehme Temperaturen, sodass auch die weiten Wege im Landesinnern bequem erwandert werden können, und nur wenige Menschen (die Einheimischen wandern jetzt). Weil praktisch keine Fröste auftreten, ist auch die botanische Vielfalt stets

gegeben: Die nackten Feigenbäume zeigen ihr skurriles Kleid und bereits im Januar beginnen die Mandelbäume zu blühen.

Es stimmt: Man kann im Winter Pech haben und garstige Tage erwischen. Meist aber regnet es – wenn überhaupt – nur stundenweise, sodass die meisten Tage immer wenigstens ein paar Stunden Aufenthalt im Freien erlauben.

Wetter

Das Wetter und das Klima von Menorca sind recht verschieden von den übrigen balearischen Inseln: Mit jährlichen 654 mm Niederschlag ist sie die regenreichste. Die hohe Luftfeuchtigkeit verursacht häufig abendlichen und morgendlichen Tau. Mit einem Jahresdurchschnitt von gut 18 Grad Celsius sind die Temperaturen jedoch stets angenehm.

Das zweifellos typischste Wetterelement Menorcas ist der Wind. Da die Insel über keine natürlichen Schutzgebirge verfügt, empfängt sie die Strömungen aus Norden ungehindert. Dieser gefürchtete trockene und kalte, Tramontana genannte Nordwind herrscht über die anderen Winde vor. Dieser raue und heulende Wind erreicht leicht 100 Stundenkilometer. Zeugnis seiner Stärke legen die vielen nach Süden geneigten, windschiefen Olivenbäume ab. Die Winde sorgen aber auch für das rasch wechselnde Wetter: Ganztägige Regengüsse sind selten.

Wettervorhersage

Die meisten der unter Auskunft angeführten Internetportale enthalten auch einen Link zum Wetter (= tiempo). Auf der Seite www.eltiempo.es lassen sich die Balearen und auch Menorca anklicken und eine recht zuverlässige Prognose (auch nach Stunden = por hora) abrufen sowie das Regenradar betrachten.

Standort und Unterkunft

Menorca ist reich an vielfältigen Unterkunftsmöglichkeiten: Hotels aller Preisklassen, Ferienwohnungen und -häuser, Landhotels (Turisme Rural). Da sich auf Menorca die schönen Wanderungen mehr oder weniger gleichmäßig auf die ganze Insel verteilen, gibt es keine besonders wandergeeignete Unterkunftsgegend. Wegen der kurzen Distanzen sind die Anfahrtswege nie wirklich lang; in höchstens einer Stunde lässt sich von jedem Ort der Insel aus jeder Anfangspunkt ansteuern.

Die Wahl der Unterkunft kann also anderen Kriterien folgen: Wer sich

Ein Landhotel (Turisme Rural).

gerne am Meer aufhält, wird sich seine Bleibe dort suchen. Wer gerne etwas städtisch flaniert, geht nach Maó oder Ciutadella. Wer Landruhe schätzt, ist mit einem Landhotel (Turisme Rural) bestens bedient. Zwei Campingplätze sind im Sommerhalbjahr verfügbar.
Im Winterhalbjahr sind die Badeorte weitgehend ausgestorben, die Hotels, Geschäfte und Gaststätten dort geschlossen. In dieser Zeit ist den Orten im Landesinnern unbedingt der Vorzug zu geben: Alaior, Es Mercadal und Ferreries, nebst anderen, sind belebt und versprühen den Charme spanischer Kleinstädte.
Im Sommerhalbjahr kann ein Pauschalurlaub im großen Strandhotel einige Vorteile bringen: günstige Anreise, Auto- und Fahrradverleih vor Ort; man kann je nach Wetter und Lust baden, wandern oder Rad fahren gehen (in der Hochsaison vorzeitige Reservierung dringend empfohlen).
Weil auf der Insel Menorca kaum Gäste im eigenen Wagen anreisen, sind die Hotels in der Regel bestens auf die Vermietung von Ausrüstung aller Art (Strandstühle, Sonnenschirme, Surfbretter, Fahrräder etc.) eingestellt.

Busverkehr und Fahrpläne

Der öffentliche Verkehr auf Menorca wird durch drei verschiedene Busunternehmen geleistet. In der Nähe der beiden größeren Städte Maó und Ciutadella sowie auf der Verbindungsstraße Me-1 zwischen diesen beiden Orten ist er ganzjährig sichergestellt, während die mehr touristischen Küstenorte nur saisonal oder sporadisch angefahren werden. Die Fahrpläne sind häufigen Wechseln unterworfen, gedruckte Fahrpläne sind schwierig zu finden; sie fehlen häufig auch an den Haltestellen. Eine Abhilfe bieten die Websites www.menorca.tib.org sowie für die Hauptlinien www.tmsa.es. Beide vermitteln auch in Deutsch recht zuverlässige Informationen.

Fahrradfahren und Fahrradverleih

Auf Menorca besteht einerseits ein bestens ausgeschildertes Netz von Radwegen für Tourenräder auf befestigten Wegen und Nebenstraßen über die ganze Insel. Andererseits lässt sich der Camí de Cavalls auch mit dem Mountainbike befahren, wobei einige Teilstücke höchste Ansprüche stellen.

Taxi

Das Taxi ist auf Menorca ein häufig gebrauchtes und relativ günstiges Transportmittel. Die Rufnummern des Radiotaxis lauten 971 367 111 und 971 482 222. Auf www.taximenorca.es findet man weitere Informationen und auch eine Tarifübersicht.

Geführte Wanderungen

Es gibt diverse Anbieter für geführte Wanderungen oder ganze Wanderwochen. Sie bilden eine interessante Alternative, wenn man sich die An- und

Rückfahrtsfrage zu den Touren ersparen und nicht alleine unterwegs sein möchte. Auch deutschsprachige Führungen und Dienstleistungen werden angeboten.

Weitere Sportarten

Dank seiner überschaubaren Kleinräumigkeit eignet sich Menorca bestens für abwechslungsreichen Aktivurlaub und auch für Familien und Gruppen, in denen nicht alle wanderbegeistert sind.
Eine reiche und vielfältige Tradition haben auf Menorca natürlich alle Wassersportarten (ausgenommen solche, die auf Flüssen und Wildbächen praktiziert werden):
Kajak, Windsurfen, Segeln, Schnorcheln, Tauchen und Stehpaddeln gehören zu den aktiven, Motorboote und Wassermotorräder zu den mehr passiven Freizeitmöglichkeiten. Einführungs- und Ausbildungskurse, Materialverleih sowie geführte Meeresexkursionen werden vielerorts angeboten.

Cova d'en Xoroi (mit Höhlendisco) in Cala en Porter.

Sehenswürdigkeiten

Die »musts« von Menorca sind: Maó und sein Naturhafen (Tour 15), Ciutadella und sein historisches Zentrum (Tour 1), das pittoreske Feriendorf Binibèquer Vell (Tour 19), Fornells mit seiner Bucht (Tour 9), der höchste Berg Monte Toro mit seiner Klosterkirche (Tour 26), die Cala Sant Esteve mit den Befestigungen (Tour 16), das größte talayotische Dorf Torre d'en Galmès (Tour 24), das urzeitliche Steinhaus Naveta des Tudons, die Taula von Torralba d'en Salord, der ehemalige Steinbruch Lithica, der Leuchtturm von Favàritx (Touren 12, 13), das muslimische Castell auf Santa Àgueda (Tour 5), der Naturpark s'Albufera d'es Grau mit Besucherzentrum und Beobachtungsrouten (Tour 14), die Buchten des Südens (Touren 30, 33) und die Strände des Nordens (Tour 7), das Inselmuseum Museo de Menorca in Maó, Reitveranstaltungen an einem der Feste im Sommer und vieles mehr.

Literatur

Es sind diverse deutschsprachige Reiseführer über Menorca auf dem Markt, von denen keiner speziell hervorgehoben werden kann.

TOP **1**

Punta Nati

5.45 Std.

Weite und Verlorenheit – die Küstenwüste des Nordwestens

Der Camí de Cavalls durchquert auf seinen Etappen 9 und 10 die kargen Weiden, die den Nordwesten von Menorca prägen. Kaum etwas bietet da dem Auge Halt, außer vielleicht der Leuchtturm auf der Punta Nati. Die ab und an zu sehenden kunstvollen Trockensteinbauten heben sich kaum von ihrer Umgebung ab. Die Erinnerungsstätte für das Dampfschiff General Chanzy, das hier am 10. Februar 1910 an den Uferfelsen zerschellte, unterstreicht die Unwirtlichkeit der Gegend. Kurz vor der Siedlung von Calespiques lässt sich die Naturbrücke Pont d'en Gil bestaunen. Die schmale Felsbucht von Calespiques lädt zur Rast, bevor wir das letzte Teilstück unter die Füße nehmen oder mit dem Autobus 61 ins Zentrum von Ciutadella fahren.

Ausgangspunkt: Parkplatz beim Kreisverkehr am Dorfanfang von Cala Morell, 55 m.
Anfahrt: Nur in der Hochsaison fährt der Bus 62 von Ciutadella hierher; in der übrigen Zeit empfiehlt sich entweder die Anreise im Auto bis Cala Morell und abends die Rückkehr per Taxi zum Auto oder die Anreise per Taxi, wenn man am Schluss in Ciutadella bleiben möchte.
Höhenunterschied: 220 m im Auf- und 270 m im Abstieg.
Anforderungen: Lange, schattenlose Tour über ausgesetzte weite Weiden. Die ganze Route folgt stets den weiß-roten Markierungen des GR 223, Camí de Cavalls.
Einkehr: Unterwegs keine bis Calespiques und Ciutadella.

Wir folgen vom Parkplatz von **Cala Morell (1)** aus der Straße bergab und finden gleich zur Linken den Zugang zur **Necrópolis/Coves de Cala Morell (2)**, den Grabhöhlen, die einen Besuch unbedingt lohnen (ca. 30 Min. Besichtigungszeit, frei zugänglich). Etwas weiter unten, nach der Brücke über die Schlucht, führt unser Weg links wieder auf einer Straße bergan (Orientierungstafel). Der Weg folgt dem Siedlungsrand, steigt dann bald über der Küste auf und eröffnet wunderbare Weitblicke. Nach einer knappen halben Stunde ist eine erste Aussichtsplattform erreicht. Aufgepasst: Hier wendet sich der Weg nach links und folgt einer Mauer ins Landesinnere.

Calespiques.

Wir folgen nun stets dem Camí de Cavalls über die Weiden. Mit der Zeit können wir in der Ferne den Leucht-

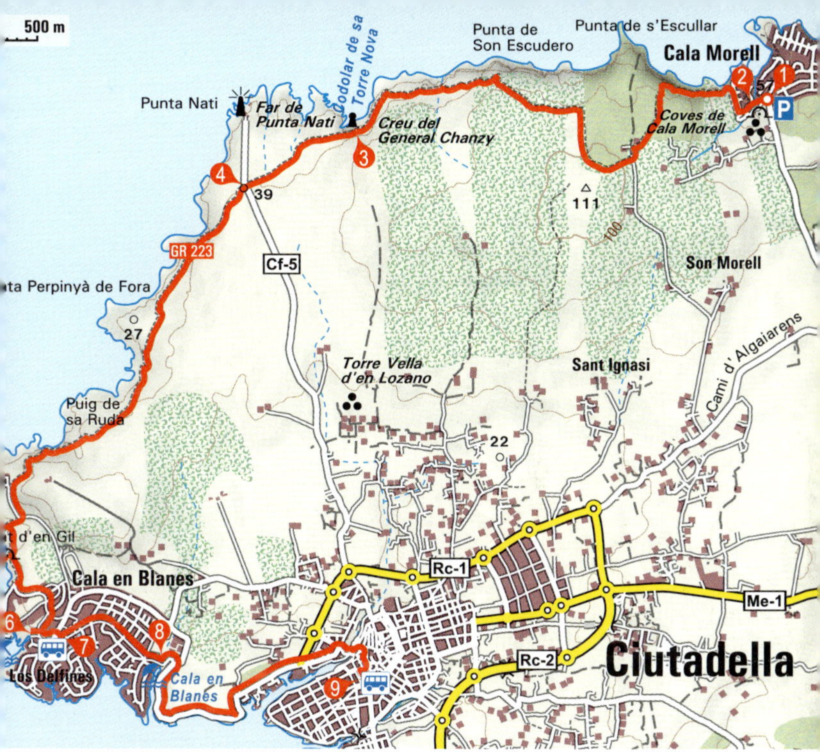

turm von Punta Nati ausmachen und dahinter die Berge von Mallorca. Wir durchqueren die unbewohnte karge Landschaft, kommen an der Gedenkstätte zum Untergang des Dampfschiffs **General Chanzy (3)** vorbei und erreichen schließlich die Zufahrtspiste zum Leuchtturm von **Punta Nati (4)**. Wer Lust hat, geht ihn besuchen (aber kein Zutritt zum Turm möglich).
Der Weg läuft weiter über die Höhen neben dem Ufer, vor uns am Horizont die »beiden« Mallorcas (weil die Ebene zwischen den Gebirgen im Meeresdunst verschwindet). Sehr viel Weite und Verlorenheit zeichnen den Weg aus: Vereinzelt sieht man Schafe, auch mit Jungtieren, das Klacken eines

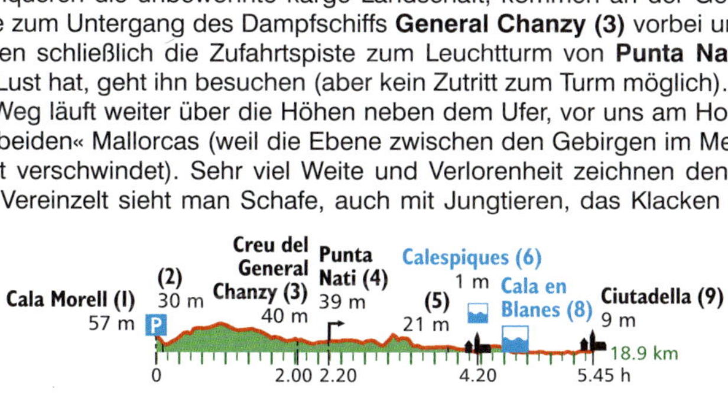

Die Klippen von Cala Morell.

wegspringenden Grashüpfers zerreißt die Stille, vielleicht auch der Schrei einer fernen Krähe, gelegentlich quietscht eines der Tore, die wir durchschreiten, in der Angel ...

1¼ Std. nach der Punta Nati gelangen wir auf den Aussichtspunkt von Sa Falconera. Nun senkt sich der Weg hinunter zu einer Kläranlage, wo wir für 300 m dem Asphalt folgen, bis wir wieder rechts auf den Weg gehen können. Er leitet uns zur faszinierenden Naturbrücke **Pont d'en Gil (5)**. Wenig später erreichen wir den Rand des Siedlungsgebietes. Die weiß-roten Markierungen leiten uns über die Siedlungsstraßen, bis wir nach rechts in die schmale Bucht von **Calespiques (6)** absteigen und vielleicht ein Bad genießen. Zurück auf der Siedlungsstraße gelangen wir zur Bushaltestelle **Plaça Delfines (7)**, von wo wir zum Hauptplatz von Ciutadella fahren könnten. Zu Fuß folgen wir weiterhin den Markierungen des GR 223, zunächst durch die Vergnügungsmeile, dann durch ein ruhigeres Viertel. Auf breitem Weg steigen wir in die **Cala en Blanes (8)** ab. Unser Weg führt am Rand der sehr schönen langen schmalen Felsbucht zur Bucht hinaus und zusammen mit einer Siedlungsstraße und dem Radstreifen über der Steilküste weiter gegen das noch unsichtbare Ciutadella zu.

Am Leuchtturm, der die Hafeneinfahrt markiert, vorbei umgehen wir eine weitere Seitenbucht, folgen einer schattigen Straße durchs Hinterland und erreichen schließlich die Aussichtsplattform über dem alten Hafen von Ciutadella. Wir gehen nur noch kurz auf dem GR 223 durch die Siedlungsstraße, verlassen ihn dann bei der Plaça de Quintana de Mar und steigen rechts auf der Straße zur ersten Brücke im Hafen ab und überqueren sie. Indem wir auf der anderen Seite wieder aufsteigen, gelangen wir zum Hauptplatz von **Ciutadella (9)**, der Plaça d'es Born, dem Ziel unserer Wanderung.

3.45 Std.

Von Cala Morell nach Algaiarens 2

Farbenfrohe Landschaften: die paradiesischen Buchten von Algaiarens

Welch fantastische Gegensätze: hier die steinige, steilklippige, verkarstete und höhlenreiche Cala Morell, und wenig östlich die breite Mündung des La Vall mit den sanften Sandstränden in der farbenreichen Landschaft des »roten« Menorca! Dazwischen kreuzt unser abwechslungsreicher Küstenweg ein Stück malerische Kalk-Tramuntana.

Ausgangspunkt: Parkplatz beim Kreisverkehr am Dorfanfang von Cala Morell, 57 m.
Anfahrt: Siehe Tour 1.
Höhenunterschied: 210 m.
Anforderungen: Raue, grobschottrige Fußwege.
Einkehr: Keine.

Tipp: Die urzeitliche Nekropole von Cala Morell mit ihren Grabhöhlen lohnt den Besuch unbedingt; das Gelände ist offen und stets zugänglich. Lage: Vom Parkplatz am Ausgangspunkt der Tour zu Fuß 150 m auf der Straße in Richtung der Bucht absteigen (vgl. auch Tour 1).

Vom Kreisverkehr bzw. Parkplatz am Anfang von **Cala Morell (1)** gehen wir mit dem GR 223, Camí de Cavalls, nach rechts auf den breiten Dorfstraßen durch die Siedlung ostwärts. Die weiß-roten Markierungen leiten uns an den

Cala d'Algaiarens.

Ses Fontanelles.

Siedlungsrand, wo es sich lohnt, kurz links auf den äußersten Uferklippenrand hinauszutreten, bevor wir bei einem typischen Tor des Camí de Cavalls den Fußweg beginnen.
Zwischen einer Mauer und windschiefen Kiefern und Zypressen verläuft der Weg über die Höhe. Schon nach knapp ¼ Std. erreichen wir den Aljub de Corniola, eine noch fast vollständig intakte Regenwassersammelstelle mit tiefem Reservoir, Zugturm und Tränke.
Wir gelangen hoch über das steinige Felsenrund des **Codolar de Biniatram (2)** und sehen vor uns die roten Felsen der Punta Roja, in deren Schutz unser heutiges Ziel – die Cala d'Algaiarens – liegt. Bei einem Wegweiser folgen wir weiter dem Camí de Cavalls, steigen etwas ab und kommen über einen kleinen Pass in die Bucht **Ses Fontanelles (3)**: ein romantischer kleiner Hafen mit ein paar Fischerbaracken.
Den nächsten Landvorsprung umgehen wir landeinwärts auf einer sandigen Piste durch angenehmen Wald. So erreichen wir den großen Parkplatz von Cala d'Algaiarens, den wir ganz überqueren. Dort führt links ein breiter Weg in 2 Min. zum Strand. Zuvor folgen wir aber noch knapp ¼ Std. geradeaus dem Camí de Cavalls: An alten großen Eichen vorbei und am Rand der weiten Wiesen und Felder des Tals La Vall führt er uns zu einer Stelle, wo er rechtwinklig nach rechts abbiegt. Die Tafel beim dortigen Wegweiser nennt

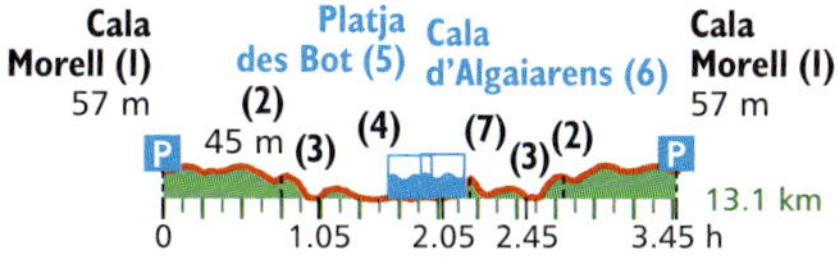

uns mit einem Pfeil den Zugang zur Platja des Tancats. Auf dem schönen Weg gehen wir nun meerwärts, links den Wald, rechts die Wiesen. Bei der Stelle, wo wenig vor uns das Meer sichtbar wird **(4)**, gehen wir rechts durch einen Zaun auf einen schmalen Fußpfad, den nicht alle kennen. Er leitet uns durch das Sumpfgebiet und über eine Düne zur Mündung des Torrent de Alfurí und zum Sandstrand **Platja des Bot (5)**: eine paradiesische Stelle. Je nach Lust können wir unsere Rast gerade hier abhalten oder aber zuerst auf demselben Pfad wieder zurückgehen bis zu der Stelle, wo das Meer wieder sichtbar wird **(4)**. Jetzt treten wir hier nach rechts auf das weite Rund der Platja des Tancats hinaus.

Den Rückweg beginnen wir beim Treppenaufgang auf der Westseite des Strandes, der **Cala d'Algaiarens (6)**. Wir gehen auf dem breiten Weg zum Parkplatz. Unmittelbar bevor wir diesen erreichen, können wir etwas zurückgesetzt rechts im Wald eine Hinweistafel »Mirador« erkennen. Auf dem dort beginnenden Pfad können wir in knapp 10 Min. auf den Hügel **(7)** steigen und Weitblicke über die Cala d'Algaiarens und das weite Tal La Vall (das sich leider noch nicht fürs Wandern geöffnet hat) genießen.

Wir müssen auf demselben Pfad zurückgehen, da die Weiterwege zu stark überwachsen sind. Vom großen Parkplatz der Cala d'Algaiarens gehen wir auf dem Hinweg zurück nach **Cala Morell (1)**.

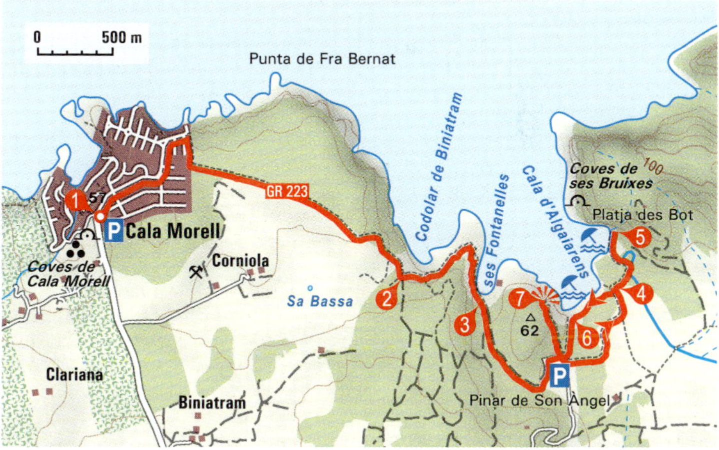

TOP

3 Vom Camí del Pilar nach Algaiarens

6.30 Std.

Schöne Wälder, vielfältige Küsten und ein Bergsee

Diese weite Wanderung verläuft größtenteils auf dem Camí de Cavalls durch den kaum besiedelten Norden Menorcas. Mit den schroffen, bewaldeten Bergen von Muntanya Mala und Falconera zeigt die Nordküste Menorcas hier ihre unzugänglichste Seite; der Meervorsprung nennt sich gar »Punta de l'Anticrist«. Wir streifen von der felsig wilden Küste aus am Rand des Gebirges entlang durch schöne Wälder, folgen dem weiten Tal »La Vall« und steigen auf Pfadspuren ins wilde Bergland hinauf zu einer Kuriosität: Inmitten von Felsblöcken liegt der Bergsee Sa Bassa Verda. Nach diesem Abstecher erreichen wir schließlich die weiten Sandstrände von Algaiarens.

Ausgangspunkt: Ausgeschildeter Parkplatz am Ende des Camí del Pilar, 47 m.
Anfahrt: Von der Me-1 Abfahrt zwischen den Kilometerpunkten 34 und 35, Schild »Camí del Pilar«.
Höhenunterschied: 450 m.
Anforderungen: Lange Wanderung auf teils grobem Untergrund.
Einkehr: Keine (genügend Wasser und Verpflegung mittragen!).
Varianten: Sich beim Parkplatz von Algaiarens abholen lassen (Zufahrt von Ciutadella in Richtung Cala Morell, Abzweig auf Camí d'Algaiarens).

Vom **Parkplatz (1)** der Cala del Pilar gehen wir in Anfahrtsrichtung wenige Meter weiter zum Beginn des breiten Weges zum Strand von Pilar. Durch fantastischen Eichenwald steigen wir etwas auf und folgen rund ½ Std. lang stets der sandigen Piste. Bei einem **Aussichtspunkt (2)** hoch über der Küste verzweigt sich der Weg: Nach rechts gelangt man in 20 Min. hinunter zur

Der Weg zur Cala del Pilar.

wunderschönen Cala del Pilar (vgl. Tour 4). Wir aber gehen heute links mit den Markierungen des Camí de Cavalls weiter.

Wir folgen zunächst einem Grat und steigen dann zum Meer zum Macar d'Alfurinet ab, einem Steinblockstrand. Wir folgen weiter dem Camí, der nun als sehr angenehmer schattiger Waldweg landeinwärts führt. Zwei Wegvarianten führen beide über einen kleinen Waldpass zum Brunnen (kein Trinkwasser) **Font de sa Teula (3)** am Rand des Tals La Vall mit weiten Wiesen und Feldern.

Wir folgen stets weiter den Markierungen des GR 223. Der Weg zieht sich nun etwas in die Länge, verläuft auf und ab und folgt kurvig dem Waldrand. Etwa 45 Min. nach der Font de la Teula kommen wir zu einer großen Viehtränke **(4)** mit fünf Becken zu unserer Linken.

Hier beginnt rechts der unmarkierte Aufstieg zur Bassa Verda: Wir folgen zunächst stets aufwärts einer deutlichen Pistenspur, erst gerade aufwärts,

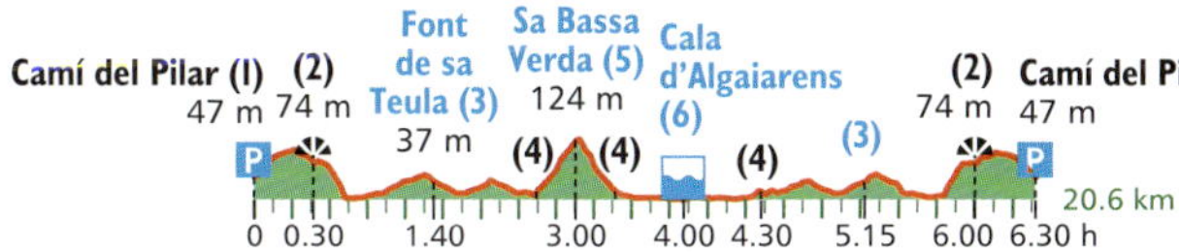

Macar d'Alfurinet.

dann leicht nach links, schließlich nach rechts über eine schwache Krete. Nach knapp 10 Min. betreten wir auf einem deutlichen Weg Wald und gehen nun stets aufwärts (nicht nach rechts gehen). Immer dem Pfad folgend, der gelegentlich Ausblicke auf Algaiarens bietet, erreichen wir nach insgesamt rund 30 Min. den Bergtümpel **Sa Bassa Verda (5)** inmitten von Felsblöcken. Je nach Wettersituation hat er einen unterschiedlich hohen Wasserstand: ein perfekter Rastplatz.

Wir steigen auf demselben Weg wieder ab zum Camí de Cavalls und folgen ihm weiter, bis in einer scharfen Linkskurve ein Schild geradeaus auf die Platja des Tancats hinweist: Wir schlagen diesen Weg ein und erreichen nach Kurzem das weite sandige Strandrund der **Cala d'Algaiarens (6)**; vgl. auch die Hinweise bezüglich Zugang zum Strand Platja des Bot bei Tour 2.

Nach der Strandrast verlassen wir die Bucht über die Treppenanlagen an ihrem südwestlichen Ende und folgen dem Weg zum Parkplatz. Dort finden wir auch wieder den Camí de Cavalls. Wir folgen seinen Markierungen nun während des gesamten Rückwegs auf der bereits bekannten Route bis zum **Aussichtspunkt (2)** und kehren von dort zum **Parkplatz (1)** der Cala del Pilar zurück.

(Die auf Karten sichtbaren Pisten von Algaiarens durch La Vall zum Parkplatz des Camí del Pilar sind gesperrt und nicht begehbar!)

Sa Bassa Verda.

4 Els Alocs und Cala del Pilar

2.30 Std.

Buchtgegensätze: scharfkantiger Fels und weites Sandrund

Die Cala del Pilar ist eine der schönsten Sandbuchten der Nordküste und nur zu Fuß erreichbar: ein wunderbarer Platz zum Baden und Träumen. Wir erreichen ihn auf einem kurzen Küstenpfad von der unwirtlichen, faszinierenden Felsbucht von Els Alocs aus.

Ausgangspunkt: Ende der Asphaltstraße bei Binidelfà, 93 m. Man kann bis zum Parkplatz kurz vor Els Alocs weiterfahren, doch ist die Schotterpiste meist in einem schlechten Zustand, daher empfiehlt sich, die gut 2 km zu Fuß zurückzulegen.
Anfahrt: Von der Me-1 bei km 31,5 Abzweig in den Camí des Alocs; am Ende der Asphaltstraße Wende- und Parkmöglichkeit.
Höhenunterschied: 180 m.
Anforderungen: Grober Untergrund ohne besondere Schwierigkeiten.
Einkehr: Keine.
Tipp: Die Wanderung mit Tour 5, Santa Àgueda, verbinden.
Hinweis: Der Normalzugang zur Cala del Pilar erfolgt von der bei Tour 3 beschriebenen Zufahrt zum Parkplatz Camí del Pilar.

Wo die Aspaltstraße bei **Binidelfà (1)** endet, folgen wir der Schotterpiste meerwärts, halten uns bei einer Verzweigung links und erreichen so die schroffe Bucht von **Els Alocs (2)**. Linkerhand führt uns der Camí de Cavalls in einer knappen halben Stunde zum Sandstrand der **Cala del Pilar (3)**, den wir bequem über eine Treppenanlage erreichen.

(Wer Lust auf mehr Gehen hat, steigt über der Cala del Pilar auf dem Camí de Cavalls in 20 Min. zu einem schönen Aussichtspunkt auf, wo man nach links auf einem bequemen Waldweg in 20 Min. den Parkplatz Cala del Pilar erreicht; vgl. Tour 3. Ein Rundweg zum Ausgangspunkt ist aber nicht möglich!)

Wir gehen auf dem Hinweg zurück.

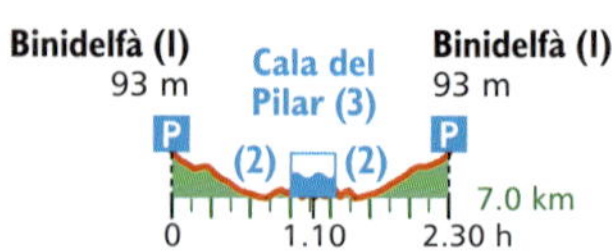

Cala del Pilar.

TOP 5 Castell de Santa Àgueda, 269 m

1.15 Std.

Gediegene Wege zu erhabener Aussicht – ein Schlendergenuss

Da der Monte Toro fest in der Hand der Motorfahrzeuge ist, ist der Hügel von Santa Àgueda der einzige Berg von Menorca, den man wirklich nur zu Fuß besteigen kann. Und was für einer! Wunderbare alte Pflasterwege führen hinauf zu den gewaltigen Ruinen der Festung, die die Araber in den fast 400 Jahren ihrer Herrschaft über Menorca von 902 bis 1287 dort errichtet haben und von wo aus die Blicke weit über Land und Küste schweifen.

Ausgangspunkt: Ruinen eines verlassenen Schulhäuschens am Abzweig zum Hof von Santa Cecília, 87 m.
Anfahrt: Von der Me-1 bei km 31,5 Abzweig in den Camí dels Alocs, nach 3 km auf der Asphaltstraße geht rechts der Privatweg nach Santa Cecília ab; hier parken. Hinweistafel: Castell de Santa Àgueda.
Höhenunterschied: 185 m.
Anforderungen: Leicht, schön angelegte Wege.
Tipp: Anschließend auf der asphaltierten Zufahrtsstraße bis zu deren Ende bei Binidelfà fahren und mit Tour 4 auf der Naturpiste bis zur Felsbucht von Els Alocs (45 Min.) weitergehen oder noch ein Stück weiter in die Badebucht Cala del Pilar (25 Min.).

Neben den Ruinen des **ehemaligen Schulgebäudes (1)** beginnt der breite Weg aufwärts. Nach einer Viertelstunde verwandelt er sich in einen mit dunkelroten Steinen gediegen gepflasterten »Camí Empedrat«, der uns stetig in die Höhe führt und immer weitere Ausblicke eröffnet. Der hervorragende Weg passiert die verrosteten Reste eines Autos und steigt schließlich in einem schönen Bogen hinauf auf die Berghöhe, wo wir durch die ausgedehnten Burganlagen von **Santa Àgueda (2)** schlendern und die Weitblicke bis hin zur Küste genießen können (siehe auch das Foto auf den Seiten 30/31).
Wir kehren auf demselben Weg zurück.

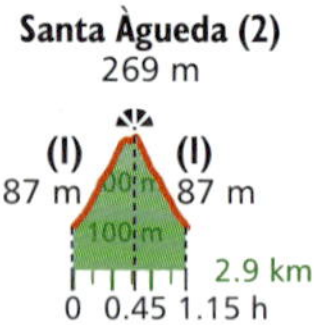

Der »Camí Empedrat« von Santa Àgueda.

TOP

6 Von Binimel·là nach Els Alocs

6.30 Std.

Hinauf und hinunter durch Buchten und über Höhen

Dies ist die längste und abgeschiedenste Etappe des Camí de Cavalls, der hier mit 140 m über Meer auch seine höchste Stelle erreicht. Über weite Höhen wandern wir auf schmalen Pfaden durch ein geologisches Bilderbuch: Rot, silbergrau, schwarz beeindrucken die Gesteine in faszinierenden Formen und kontrastieren mit dem grünen Menorca des fruchtbaren Landesinnern. Dazwischen kreuzen wir in stetem Auf und Ab Schluchten und Buchten.

Ausgangspunkt: Parkplatz der Platja de Binimel·là, 15 m.
Anfahrt: Von Es Mercadal oder vom Kreisverkehr beim Zusammenschluss der Me-15 und der Me-7 auf engen asphaltierten Straßen den Schildern »Platges / Binimel·là« folgen; zum Schluss breite Schotterpiste mit vielen Schlaglöchern zum Parkplatz.
Höhenunterschied: 800 m im Auf- und Abstieg.
Anforderungen: Lange Tour mit großem Höhenunterschied stets auf schmalen Naturpfaden.
Einkehr: Keine, im Sommer Bar-Restaurant beim Parkplatz Binimel·là.
Varianten: Von Els Alocs bis zum Parkplatz der Cala del Pilar (1.15 Std.) gehen oder weiter bis zum Parkplatz von Algaiarens (2.30 Std.; das ist die übliche Doppeletappe des Camí de Cavalls) und sich dort abholen lassen (für die Zufahrten vgl. Tour 3).

Vom Parkplatz der **Platja de Binimel·là (1)** gehen wir auf dem breiten ausgeschilderten Weg zum Strand, den wir über einen Holzsteg erreichen. Wir wenden uns nach links und folgen dem Camí de Cavalls westwärts. Bald traversieren wir über der faszinierenden **Cala Pregonda (2)** mit ihren vorgelagerten Felsinselchen. Danach läuft der schöne breite Feld-, Wald- und Wiesenweg durch ein bewaldetes Tal und einen kleinen Pass zur Cala Barril. Steil geht es aus dieser in die Höhe; weite Vorblicke über die Küste und Rückblicke zum Leuchtturm von Cavalleria entschädigen für die Anstrengung. Aber auch die fantastischen Felsformationen begeistern: Rot, silbergrau und schwarz präsentieren sich die Felsen in den verschiedensten Erosionsformen. In munterem Auf und ab gelangen wir in die **Cala en Calderer (3)**, wo der Strand meist hoch mit Posidonia (Neptungras) bedeckt ist. Durch die Flanke über dem Meer führt uns der Pfad weiter und steigt schließlich auf eine weite unbewaldete Höhe: die höchste Stelle des Camí de Cavalls. Grasseggen, Mastixsträucher und Heidekraut säumen den schatten-

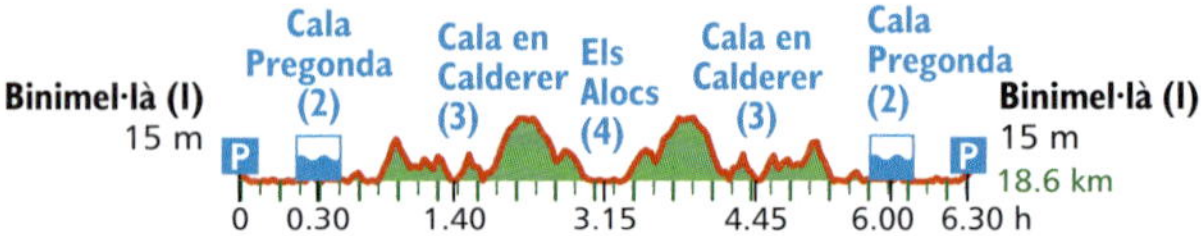

Hoch über der Cala Barril mit Illa de Coloms (links) und Illa de ses Bledes (rechts).

losen Weg und die Blicke schweifen weit hinüber nach Santa Àgueda und über das unendliche Meer. Eine schöne Trockensteinhütte schmückt die unwirtliche Gegend.
Schließlich senkt sich der stets bestens markierte Pfad in eine Schlucht mit schönen alten Mauern, läuft über Weiden und an einem Stall vorbei durch ein Brandgebiet hinunter in die Felsbucht von **Els Alocs (4)**.
Wir gehen auf demselben Weg zurück und wiederholen einmal mehr die Erfahrung, wie viel kürzer und anders der Weg beim Zurückgehen ist, wie wir Neues entdecken und das Licht uns andere Aspekte eröffnet.

7 Platja de Cavalleria – Cala Pregonda

3.00 Std.

Die drei beliebtesten Sandstrände der Nordküste – Wandern und Ruhen

Der Norden Menorcas zeigt größtenteils eine zerklüftete, raue, unbesiedelte Küste, an einzelnen Stellen aber doch auch weite sandige Buchten. Unsere einfache Tour besucht drei der schönsten naturbelassenen, abgelegenen Sandstrände und lädt zu kurzem Wandern und ausgiebigem Rasten ein. Im Sommer sind die Strände wegen ihrer Naturschönheit gut besucht.

Ausgangspunkt: Großer ausgeschilderter Parkplatz der Platja de Binimel·là, 15 m.
Anfahrt: Von Es Mercadal oder vom Kreisverkehr beim Zusammenschluss der Me-15 und der Me-7 auf engen asphaltierten Straßen den Schildern »Platges / Binimel·là« folgen; zum Schluss breite Schotterpiste mit vielen Schlaglöchern zum Parkplatz.

Höhenunterschied: 220 m.
Anforderungen: Zwischen Binimel·là und der Platja de Cavalleria verläuft ein schmaler Pfad über die Höhen, im Übrigen flach.
Einkehr: Im Sommer Bar-Restaurant beim Parkplatz Binimel·là.
Hinweis: Parkmöglichkeit besteht auch bei der Platja de Cavalleria.

Vom Parkplatz der **Platja de Binimel·là (1)** gehen wir auf dem ausgeschilderten breiten Weg und über einen Holzsteg zum Strand. Es empfiehlt sich, zuerst den etwas anstrengenderen Teil der Wanderung unter die Füße zu nehmen: Wir finden auf der rechten Seite des Strandes die weiß-roten Markierungen des GR 223, Camí de Cavalls. Wir gehen mit ihnen buchtauswärts und steigen auf aussichtsreiche Höhen auf. Wir folgen dem schönen Pfad in die Cala Mica und weiter zum weiten Sandrund der **Platja de Cavalleria (2)**.

Winterwandern an der Nordküste.

(Am Ende der Platja führt eine Treppenanlage hinauf zum Parkplatz der Platja de Cavalleria.)

Nach der Rast gehen wir auf demselben Weg zurück. Am Strand von Binimel·là bleiben wir diesmal in Meernähe, durchqueren die ganze Bucht und schlendern noch auf dem Camí de Cavalls weiter zur fantastischen **Cala Pregonda (3)** mit ihren vorgelagerten bizarren Inseln.

Wir kehren auf demselben Weg zum Ausgangspunkt der **Platja de Binimel·là (1)** zurück.

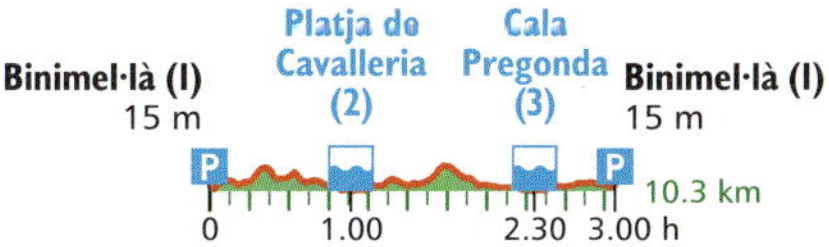

8 Von Cala Tirant nach Cavalleria

4.00 Std.

Geschichtsträchtige Wege zur Nordspitze Menorcas

Weithin sichtbar ist der Leuchtturm auf dem wilden Cap de Cavalleria. Schon die Römer nutzten den Ausguck und den nahegelegenen Naturhafen Port de Sanitja, die Franzosen und Engländer bauten hier ihre Wachttürme, während heute nur noch einsame Ziegenherden den kargen Hügel bevölkern.
Unsere Tour begeht zunächst ein schönes Stück des Camí de Cavalls entlang der ursprünglichen Küste, besucht römische Ausgrabungen und einen verlassenen Wachtturm, klettert hinauf zum Kap und seinen gewaltigen Abstürzen, bevor es auf demselben Weg wieder zurück in die weite Sandbucht der Cala Tirant geht.

Ausgangspunkt: Abzweig zum GR 223 Camí de Cavalls an der Fahrpiste nach Cala Tirant (gemeint ist die Bucht, nicht der Ort gleichen Namens), 300 m vor Ende der öffentlichen Piste beim betonierten Abgang zur Bucht, 9 m.
Anfahrt: Vom Kreisverkehr, wo sich Me-7 und Me-15 vor Fornells treffen, die Piste in Richtung Platja de Cavalleria, Binimel·là wählen, nach ca. 2 km geht rechts eine breite Schotterpiste ab; dieser bis zum Schild Cala Tirant und dem Wegweiser des GR 223 Camí de Cavalls folgen; hier parken. Oder Anfahrt mit dem Bus 41 bis Cala Tirant und zu Fuß durch die Bucht in 15 Min. zum Ausgangspunkt.
Höhenunterschied: 260 m.
Anforderungen: Recht weite, schattenlose Wanderung zumeist auf schmalen Pfaden.
Einkehr: Keine (das Ecomuseu in Sanitja existiert nicht mehr).

Ciutat Romana de Sanitja.

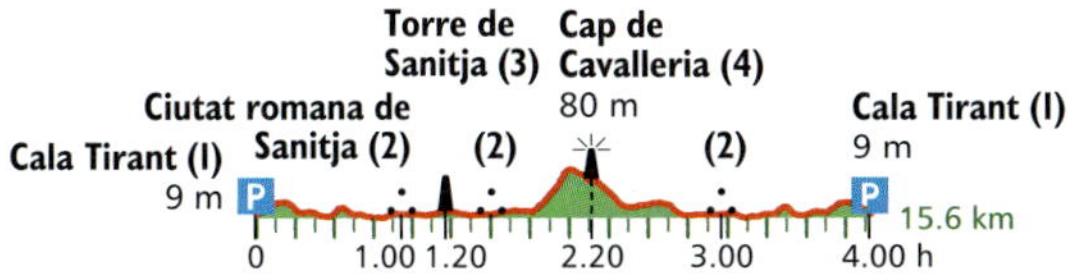

Vom Abzweig bei der **Cala Tirant (1)** geht es zunächst mit den Markierungen des GR 223 unschön auf einer breiten Piste aufwärts und hinter einem Hügel, der die Sicht auf die Bucht versperrt, vorbei. Bald aber wandelt sich der Weg zu einem prächtigen Fußpfad, der über der Küste zum Cap de Cavalleria hinausläuft, begleitet vom Rauschen der Wellen und dem Rollen der Uferkiesel. Über die Höhe der Punta Negra erreichen wir weite Steinbuchten (»Macar« genannt) und nach gut 1 Std. die Ausgrabungen der römischen Stadt **Ciutat romana de Sanitja (2)**.

Unmittelbar danach verläuft eine Asphaltpiste, auf der wir mit dem Camí de Cavalls nach links weitergehen, aber nur für 200 m: 8 m nach einem Mauerdurchbruch finden wir zur Rechten ein romantisches Weglein mit Stufen. Diesem folgen wir, vorbei an weiteren römischen Ruinen, immer weiter hinaus bis zum Wachtturm **Torre de Sanitja (3)**. Dessen Ruinen sind ungesichert und drohen einzustürzen, sodass eine Besteigung nicht ratsam erscheint, doch bieten der Platz und die Lage fantastische Ausblicke über die Nordküste und den Naturhafen von Sanitja.

Auf demselben Weg gehen wir zur Asphaltpiste zurück, wo wir uns nun nach links in Richtung Cap de Ca-

Punta Negra.

valleria wenden. Wir folgen der Piste bis hinauf zum Leuchtturm am **Cap (4)**. (Es ist auch möglich, ein Stück nach der Bucht von Sanitja auf einer Piste an den Rand der nächsten Bucht hinauszugehen und von dort auf den Pfadspuren des ehemaligen Römerweges direkt zum Leuchtturm aufzusteigen; der Weg ist aber schwierig zu finden und das Gelände leicht überwachsen.) Das Areal unmittelbar um den Leuchtturm ist gesperrt; es lohnt sich, das Gebiet außerhalb der Mauern zu erkunden und vor allem auch auf der Ostseite auf die senkrecht abfallenden Felsen hinauszutreten: Es bieten sich schöne Ausblicke über das Meer und man sieht ehemalige Verteidigungsanlagen. Für den Rückweg folgen wir dem Hinweg bis zur **Cala Tirant (1)**.

Es Macar Gran.

2.45 Std.

Fornells 9

Faszinierende Küstenlandschaft – die ältesten Gesteine Menorcas

Der Camí de Cavalls lässt das Cap de Fornells unbeachtet, dessen Umrundung dennoch ein sehr schönes Küstenstück mit geologisch interessanten Gesteinsformen und Erosionen bietet. Vom touristisch schmucken weißen Fornells geht es zunächst zum alten Wachtturm auf der zerfressenen Capspitze und in einem weiten Bogen in Richtung der Siedlungen von Platges des Fornells durch das älteste Gestein der Insel: ein absolut faszinierendes Wegstück! Die Ausblicke auf das Cap de Cavalleria über dem schäumenden Meer begleiten uns, und im Sommerhalbjahr lädt das weite Strandrund der Cala Tirant zum Baden ein.

Ausgangspunkt: Infopunkt am Fischerhafen von Fornells, 2 m.
Anfahrt: Auf der Me-15; Parkplätze im Dorf ausgeschildert, Bus ab Maó.
Höhenunterschied: Unwesentlich.
Anforderungen: Schattenlos; der Weg über die Küste zwischen Fornells und Platja de Fornells ist rau, aber nicht ausgesetzt. Nach der Cala Tirant verläuft die Strecke zurück nach Fornells auf Asphalt.
Einkehr: Restaurants in Fornells und Platja de Fornells (Cala Tirant).
Variante: Bei den ersten Häusern der Siedlung Platges de Fornells umkehren und auf dem Hinweg zurück zum Ausgangspunkt.

Vom malerischen Fischerhafen von **Fornells (1)** gehen wir entlang der Straßen hinaus bis zum kleinen Leuchtturm am Cap de Fornells. Von dort steigen wir zum alten Wachtturm **Torre de Fornells (2)** auf (Besichtigung im Sommerhalbjahr Di–So, 10–15 Uhr). Über den Rücken zwischen dem Dorf und dem Meer zur Rechten gehen wir nun wieder südwärts auf Wegspuren zur engsten Stelle **(3)** über dem Friedhof von Fornells.
Hier macht eine Bauschuttablagerung den Weiterweg undeutlich. Wir umgehen die Stelle zur Linken und erkennen bald den klaren Weg weiter an der Küste entlang. Faszinierende Gesteine und bizarre Erosionen begleiten uns nun. Nach einer

Schäumendes Meer und alte Gesteine: Rückblick zum Torre de Fornells (oben), Clot des Guix beim Cap de Fornells (rechts).

½ Std. erreichen wir die äußersten Häuser von Platges des Fornells. Anfangs können wir noch vor den Häusern vorbeigehen, müssen dann aber auf die Straße ausweichen. Bald sehen wir rechts aus den Wellen die Reste eines untergegangenen Schiffes **(4)** auftauchen. Wir folgen den Straßen, steigen etwas auf, bleiben möglichst nahe am Meer und gelangen nach einer weiteren knappen ½ Std. zum Wegweiser des Camí de Cavalls, **GR 223 (5)**. Mit diesem können wir nach rechts wieder ganz ans Meer hervortreten und über eine Treppenanlage zum weiten Strand von **Cala Tirant (6)** wechseln.
Für den Rückweg folgen wir den rot-weißen Markierungen des GR 223, Camí de Cavalls, der nach dem Kreisverkehr am Dorfende über einen breiten Geh- und Radweg neben der Straße nach **Ses Salines (7)** führt. Beim dortigen Kreisverkehr verlassen wir den GR 223 wieder und wandern auf dem Gehweg neben der Straße nach **Fornells (1)** zurück.

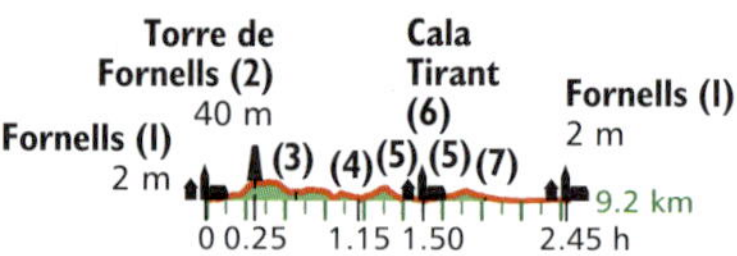

10 Von Cap des Port zur Cala Pudent

3.15 Std.

Ein schönes Wegstück zu einer einsamen Bucht

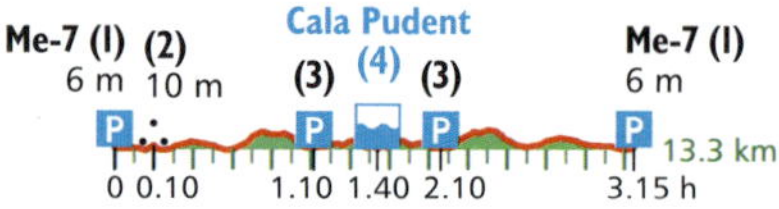

Aus der 4. Etappe des Camí de Cavalls, die einige hässliche Teilstücke durch Urbanisationen und entlang von Landstraßen hat, greifen wir uns den schönsten Teil heraus. Wir wandern durch Feld und Wald zum Sandstrand Arenal de Son Saura und weiter zur hübschen Naturbucht Cala Pudent. Keine der ganz großen Touren der Insel, aber ganz akzeptabel, wenn man in der Gegend wandern möchte.

Ausgangspunkt: Cap des Port; Abzweig des GR 223, Camí de Cavalls, von der Me-7 bei Kilometer 21,7, 6 m.
Anfahrt: Me-7 von Maó, Me-15 von Es Mercadal; der Ausgangspunkt befindet sich rund 1 km vor bzw. nach dem großen Kreisverkehr, wo sich Me-15 und Me-7 treffen (also südöstlich der Me-15).
Höhenunterschied: 180 m.

Anforderungen: Breite angenehme Wege des Camí de Cavalls, hinaus zur Bucht Cala Pudent schmaler, steiniger Pfad.
Varianten: Keine; das ganze große Gebiet der Mola de Fornells ist Privatbesitz.
Tipp: Am Weg liegen die Ruinen der Basílica paleocristiana des Cap des Port mit einem sehenswerten Taufbecken.

Vom Ausgangspunkt an der **Me-7 (1)** folgen wir stets den Markierungen des GR 223. Nach gut 10 Min. können wir zur Rechten die Ruinenanlagen einer **frühchristlichen Kirche (2)** mit dem interessanten Taufbecken besichtigen. Danach überquert der Weg einen Bach und läuft als prächtige Kiefernallee steingepflastert weiter. Am Ende der Allee wendet er sich scharf nach links. Eine ¾ Std. verläuft der Camí de Cavalls nun durch Wald bis zum **Parkplatz (3)** vor der weiten sandigen Bucht Arenal de Son Saura. Hier verlassen wir den GR 223 und gehen hinunter in die weite Bucht. Links des Strandes beginnt bei einem Mauerdurchbruch ein grobes Weglein, auf dem wir weiter buchtauswärts gehen. Immer diesem Pfad nordwärts folgend erreichen wir nach ½ Std. die kleine **Cala Pudent (4)**.
Für den Rückweg wählen wir dieselbe Route.

Ruinen der Basílica paleocristiana.

Ein schönes Stück Camí de Cavalls (bei S'Albufera).

11

Felsküsten und Siedlungen des Nordostens

2.45 Std.

Kleine Rundtour im Nordosten – schroffe Küsten, sanfte Buchten

Das Gebiet im Nordosten von Menorca war und ist so faszinierend mit seinen schroffen Steilküsten und lieblichen Sandbuchten, dass es mit einem dichten Netz von Urbanisationen und touristischen Einrichtungen überzogen wurde. Wir können diese auf unserer kleinen Rundtour nicht auslassen, finden aber dennoch eine ganze Menge lohnender Eindrücke auf unserem Weg, um auch diese Ecke Menorcas kennenzulernen.

Ausgangspunkt: Parkplatz rechts vom Kreisverkehr am Dorfeingang von na Macaret, 11 m.
Anfahrt: Über die Me-9, beim Kreisverkehr bei Kilometer 3 geradeaus nach na Macaret.

Höhenunterschied: 110 m.
Anforderungen: Größtenteils Straßen und Gehwege, Teilstücke auf grobschottrigen Pfaden.
Einkehr: Restaurants und Läden in na Macaret und Arenal d'en Castell.

Vom Parkplatz in **na Macaret (1)** gehen wir gleich zwischen den Häusern hindurch hinunter zur malerischen kleinen Hafenbucht und erkunden sie. Danach gehen wir auf der Dorfstraße nach Norden aufwärts und bis zum äußersten Punkt der Siedlung. Hier läuft ein Pfad weiter hinaus auf den wild-schönen Landvorsprung Punta d'en Siulet mit seinen zerfressenen, höhlendurchlöcherten Felsen, dem schäumenden Meer und vielen schönen Weitblicken.

Wieder zurück von der Erkundung des Landvorsprungs folgen wir jetzt nach rechts den mit Steinmännchen markierten Wegspuren, dann einem deutlicheren, gelegentlich mit Wegweisern versehenen Pfad über der Küste bis zur Siedlung von **Punta Grossa (2)**, die wir bei der Bucht Cala Morts erreichen. Hier gehen wir auf der Siedlungsstraße zuerst nach rechts und überqueren dann die Halbinsel der Punta Grossa mit den Wegweisern in Richtung Arenal. Auf der anderen Seite gehen wir südwärts auf der Straße durch die Urbanisation. Am Ende einer langen

Cala Molí.

Kurve können wir rechts in die weite Sandbucht von **Arenal d'en Castell (3)** absteigen. Wir durchqueren fast die ganze Bucht, um dann kurz vor den Felsen links über Treppen aufzusteigen. Hier treffen wir auf die weiß-roten Markierungen des GR 223, Camí de Cavalls, gehen mit ihm weiter durch die touristischen Anlagen hinauf und folgen ihm auf der Straße nach links. Er führt uns zur Zufahrtsstraße, um dann gleich nach rechts mit einer Lokalstraße wieder anzusteigen. Nun wandern wir hoch über die Siedlung von Coves Noves. Nachdem sich die Straße schon ein Weilchen wieder gesenkt hat, finden wir zur Linken den Abzweig **(4)** unseres Rückwegs. Wir verlassen den GR, gehen bergab, bei der ersten Querstraße links und bei der nächsten Möglichkeit wieder rechts weiter abwärts, bis wir zum Kreisverkehr kommen, den wir von unserer Hinfahrt kennen. Wir überqueren ihn geradeaus und folgen jenseits der Lokalstraße. Bei einer Verzweigung, wo sich die Straße nach links wendet, gehen wir geradeaus und gelangen so hinunter in den hintersten Teil der Cala Molí. Wir müssen nochmals aufsteigen, wieder rechts gehen und finden dann unmittelbar vor den ersten Häusern rechts ein Weglein entlang der Cala Molí. Ganz zum Schluss ist der Durchgang in den Hafen von Na Macaret wegen des Steilufers nicht möglich, sodass wir über die höherliegende Straße ausweichen müssen, um zum Parkplatz in **na Macaret (1)** zu gelangen.

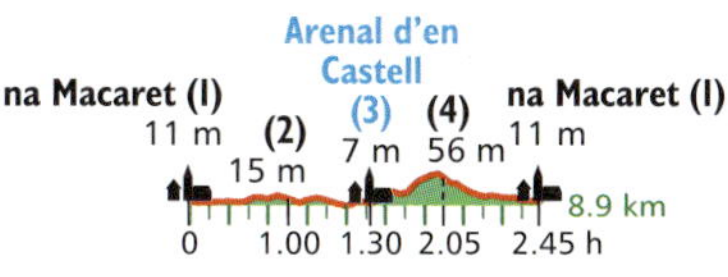

12 Addaia – Cap de Favàritx – Cala Presili

6.00 Std.

Verlandende Salinen, weite Küstenhöhen und eine Badebucht

Dies ist die 3. Etappe des Camí de Cavalls, die wir hier in der Gegenrichtung begehen. Ihre Besonderheit liegt im verlandenden hintersten Teil des Port d'Addaia und den dortigen ehemaligen Salinen von Mongofra. Im weiteren Verlauf ähnelt diese Etappe der zweiten (vgl. Tour 13), läuft also auf und ab durch Wege und Pisten über abgeschiedene Weiden und steinige Buchten, zuletzt geht es gut 2 km auf der Straße hinaus zum Cap de Favàritx. Ziel- und Rastpunkt ist die schöne kleine Sandbucht von Cala Presili.

Ausgangspunkt: Kreisverkehr mit Bushaltestelle am Siedlungsanfang von Addaia, Wegweiser des Camí de Cavalls, 38 m.
Anfahrt: Me-9 Richtung Arenal d'en Castell, nach 2 km Abzweig rechts auf Me-11 und gleich Siedlungsbeginn Addaia.
Höhenunterschied: 300 m.
Anforderungen: Recht anstrengende Tour mit vielen Auf- und Abstiegen, zwei mal 2 km Asphaltstraße.
Einkehr: Unterwegs keine, in Addaia Restaurants und Läden.
Varianten: (1) Nur bis zum südlichen Ende der langen Bucht Port d'Addaia gehen (rund 1 Std.) und auf demselben Weg zurückkehren. (2) Mit Tour 13 verbinden und bis Es Grau weitergehen und sich dort abholen lassen.

Vom Kreisverkehr in **Addaia (1)** folgen wir den weiß-roten Markierungen des GR 223, Camí de Cavalls. Sie führen uns kurz durch Siedlungssstraßen, dann auf einer Piste durch ein Tälchen und hinunter ans Wasser des Port d'Addaia. Immer dem Ufer nach gelangen wir zu den ehemaligen Salinen von Mongofra, die bereits zum Naturpark S'Albufera des Grau gehören. Dort gehen wir über die Dämme zwischen dem seichten Wasser weiter. Schließlich gelangen wir am Ende der verlandeten Bucht zum Camí d'Addaia, der zum großartigen Gehöft Mongofra Nou führt, das wir von der anderen Seite der Bucht aus sehen konnten. Wir folgen dieser Naturstraße gut 300 m weiter, bis wir mit dem **Camí de Cavalls (2)** links abzweigen.
Der stets eindeutige Weg läuft nun auf und ab über Weiden und Höhen, hinab in die Cala Caldès und gleich wieder über einen Pass bis zur Straße **(3)**, die zum Cap de Favàritx hinausführt. Wir folgen dieser Straße 2 km weit, bis bei einer großen Hinweistafel **(4)** der GR 223 (3. Etappe des Camí de Cavalls) nach rechts abzweigt. (Wenn wir das Cap de Favàritx mit seinen faszi-

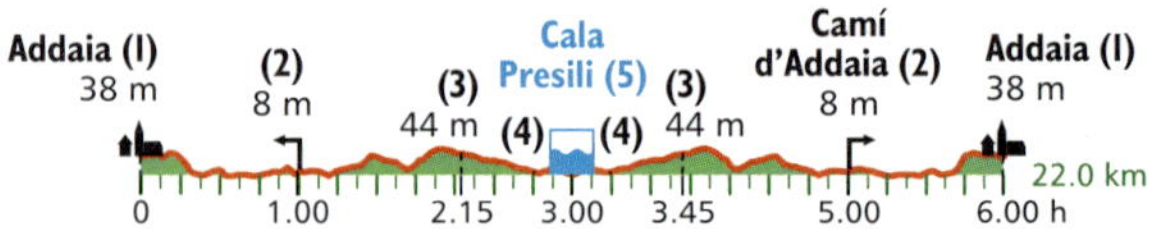

nierenden Gesteinsformationen und seinem Leuchtturm noch nicht kennen, lohnt es sich unbedingt, noch 800 m auf der Straße weiterzugehen und das Cap zu besichtigen, vgl. Tour 13.)

Hier gehen wir noch knapp 10 Min. mit dem GR 223 weiter und finden die Abzweigung zur **Cala Presili (5)**. Die geschützte halbrunde Bucht mit ihrem Sandstrand eignet sich bestens für eine ausgiebige Rast.

Den Rückweg bewältigen wir auf derselben Strecke.

Am Port d'Addaia.

TOP 13 Es Grau – Cap de Favàritx

6.15 Std.

Auf dem Camí de Cavalls durch den Naturpark zum Cap de Favàritx

Die zweite Etappe des Camí de Cavalls verläuft von Es Grau in munterem Auf und Ab über Hügel und durch Buchten entlang der unbewohnten Ostküste bis zum Cap de Favàritx, wo die Gesteine wie eben erst aus dem Meer aufgestiegene erstarrte Magma eine bizarre mondhafte Landschaft mit fantastischen Erosionsformen geschaffen haben. Von diesen hebt sich der charakteristische blauweiße Leuchtturm malerisch ab. Das einsame Cap de Favàritx liegt ziemlich genau in der Mitte zwischen den bewohnten Orten Es Grau und Addaia. Es bleibt also die Wahl zwischen weitergehen und zurückkehren. Wir empfehlen Letzteres.

Ausgangspunkt: Parkplätze vor dem Dorfanfang von Es Grau, 1 m; im Hochsommer Bus.
Anfahrt: Von Maó gut 1 km auf der Me-7 in Richtung Fornells, dann rechts mit der Me-5 nach Es Grau.
Höhenunterschied: 250 m.
Anforderungen: Lange, abgeschiedene Wanderung ohne Ausstiegsmöglichkeit: genügend Ausrüstung mittragen!
Einkehr: Bar und Restaurant in Es Grau (Dezember bis März geschlossen; eine Bar oben im Dorf bleibt auch im Winter geöffnet).
Varianten: (1) Sich beim Cap de Favàritx abholen lassen. (2) Weitergehen bis Addaia, bzw. Arenal de Castell (Bus), zusätzlich 3.30 Std. Gehzeit (vgl. Tour 12).

Cala des Tamarells mit Torre de Rambla.

Zu Beginn dieser Tour folgen wir nicht dem GR 223, Camí de Cavalls, der hier etwas landeinwärts durch die Feuchtgebiete von S'Albufera des Grau verläuft (vgl. Tour 14), sondern folgen vom Dorfeingang von **Es Grau (1)** der flachen Sandbucht, bis sie in Felsen ausläuft. Hier stoßen wir auf den Camí de Cavalls und steigen mit ihm durch schönen Kiefernwald zu einem Aussichtpunkt auf: Im Rückblick überschauen wir unseren bisherigen Weg von Es Grau her, vor uns können wir in der Ferne bereits den Leuchtturm von Favàritx ausmachen.

Der Weg senkt sich dann hinunter in die Cala des Tamarells, auf deren anderer Seite sich einer der alten Wachttürme erhebt, der Torre de Rambla. Auf einem Fahrweg gelangen wir zu einem weiteren Arm der **Cala des Tamarells (2)** und weiter in die **Cala de sa Torreta (3)**. Stets den Markierungen

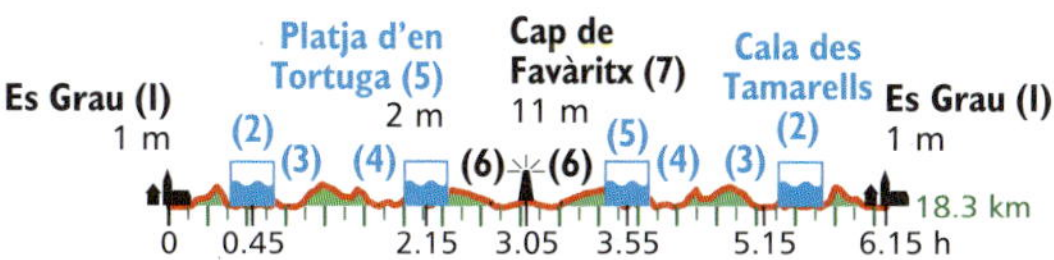

Der Leuchtturm auf dem Cap de Favàritx.

des GR 223 folgend, gehen wir etwas landeinwärts über Hügel durch steiniges Acker- und Weideland. Die Fahrspur senkt sich dann wieder zum Meer hin und in die nächste Bucht, die **Cala d'en Cavaller (4)**. Ein kurzes schönes Wegstück durch Wald wird wieder von einer Piste abgelöst. Immer wieder sehen wir vor uns das Cap de Favàritx langsam näher kommen. Die folgende Cala de Morella Nou lädt nicht zum Baden, dafür müssen wir noch etwas weiter gehen bis zur **Platja d'en Tortuga (5),** auch Arenal d'en Morella genannt; bei entsprechendem Wetter kommt die Bademöglichkeit wie gerufen. Am Ende der Bucht steigt der Weg steil an und läuft im Landesinnern bis zur Straße nach Favàritx **(6)**; die Abzweigung hinunter in die Cala Presili lassen wir heute unbeachtet; siehe Tour 12. Auf dieser Straße gehen wir zum **Cap de Favàritx (7)** und dessen Leuchtturm.
Den Rückweg vollziehen wir auf dem Hinweg.

4.00 Std.

Von Sa Mesquida zum Binnensee S'Albufera des Grau

14

Küstenaufundab zum Naturpark S'Albufera des Grau – Traumbuchten

Aus der wunderschönen Bucht von Sa Mesquida übersteigen wir auf dem Camí de Cavalls (erste Etappe) drei Küstenpässe, durchqueren die Zwischenbuchten und erreichen so den Rand des Naturparks S'Albufera des Grau: eine weitgestreckte Binnenlagune voller Wasservögel. Ein Aussichtshügel erlaubt uns den Überblick, bevor wir am Endpunkt unserer Wanderung die weite, flache Bucht von Es Grau genießen können.

Ausgangspunkt: Parkplatz nördlich von Sa Mesquida, 22 m.
Anfahrt: Vom westlichsten Ende des Hafens von Maó der Me-3 folgen; nach 2 km Abzweig links in Richtung Sa Mesquida. In Sa Mesquida den Schildern »platja« zum großen Parkplatz am Ende der Straße folgen.
Höhenunterschied: 310 m.
Anforderungen: Größtenteils steinige Fußwege ohne Schatten, 600 m Autostraße auf breitem Seitenstreifen.
Einkehr: Bar und Restaurant in Es Grau (Dez.–März geschlossen; eine Bar oben im Dorf bleibt auch im Winter geöffnet).
Tipp: Besucherzentrum des Parc Natural de S'Albufera des Grau samt den dortigen Rundgängen; Zufahrt über die Me-5.

Auf dem Aussichtshügel Punta de sa Gola über der Lagune von S'Albufera des Grau.

Vom Parkplatz bei **Sa Mesquida (1)** gehen wir auf dem gesperrten Reststück der Straße hinunter zum Strand. Wir können uns gleich linkerhand über Holzstege auf den Weg machen oder über den Strand bis zu dessen nördlichster Ecke gehen. Wir folgen stets der ersten Etappe des GR 223, Camí de Cavalls, weiter. Er führt uns über einen ersten Pass in die Bucht **Macar de Binillautí (2)**, dann über einen zweiten in die Caleta de Binillautí und über den dritten auf einen angenehmen Weg und dann über Viehweiden zur Landstraße **Me-5 (3)**. Wir folgen ihr mit den Markierungen des GR für 600 m, bis wir links den **Abzweig (4)** zu dem Binnensee S'Albufera des Grau finden.

Wir überschreiten die weiß getünchte breite Brücke und wählen bei der nächsten Verzweigung die Variante nach links (»mirado«). Über Holzstege gelangen wir so zu einer Verzweigung und gehen zuerst geradeaus zum Aussichtshügel **Punta de sa Gola (5)**. Auf dem Rückweg wählen wir diesmal den Holzsteg nach links. Im folgenden Wald gehen wir links mit dem GR 223 bis zur **Platja des Grau (6)**. (Die ganze Bucht von Es Grau ist ausgesprochen seicht: ein idealer Badeplatz auch für Kinder.) Hier ist der Wendepunkt unserer Tour. Dem Strand nach gehen wir zur Dorfecke von **Es Grau (7)**. Von dort folgen wir der Straße 5 Min. bis zum **Abzweig (4)** nach S'Albufera.

Wir gehen auf demselben Weg zurück und machen einmal mehr die beglückende Erfahrung, dass man – in Abwandlung des bekannten griechischen Sprichworts – nicht zweimal denselben Weg gehen kann: Nun ist er vertraut und doch ist alles anders: die Gehrichtung, der Sonnenstand und Schattenwurf, die Aussichten, die Wiedererkennungserlebnisse und die Neuentdeckungen, das Gefühl des Heimwegs.

Der Camí de Cavalls (erste Etappe).

15 Hafeneinfahrt von Maó

2.00 Std.

Hinaus zur Einfahrt in den Naturhafen – zurück durch die Südbuchten

Diese abwechslungsreiche kleine Tour führt uns zum Eingang des größten Naturhafens Europas, wo wir einen schönen Überblick über dessen Einfahrt und hinüber zu den Festungsanlagen von La Mola genießen können. Auf schmalen, etwas abenteuerlichen Pfaden gehen wir dann zurück durch die Cala Pedrera, auf angelegten Wegen durch die luxuriöse Bucht Calesfonts und zur einfachen Cala Corb: die drei Buchten von Es Castell.

Ausgangspunkt: Es Castell-Calesfonts, 17 m, Parkplatz an der Me-2 bei der Abfahrt nach Calesfonts.
Anfahrt: Von Maó (sp. Mahón) über die Me-2 in Richtung Es Castell, dort zweite Ausfahrtsmöglichkeit »Calesfonts«. Buslinie 02 von Maó bis Calesfonts.
Höhenunterschied: Unbedeutend.
Anforderungen: Teilweise schmale, raue Wege über den Uferfelsen (Umgehungsmöglichkeit auf der ufernahen Siedlungsstraße).

Einkehr: In Sol de l'Est und Es Castell.
Variante: Mit dem Autobus anreisen und den ganzen Weg nach Maó zu Fuß zurückgehen: nach der Cala Corb zuerst dem Meer nach, dann durch die Carrer Fontanilles hinauf und rechts über die Carrer Stuart westwärts, auf einer Piste und Pfadspuren weiter über Land und hinunter in die Cala Fonduco und der Uferstraße entlang nach Maó.
Tipp: Museo Militar von Es Castell (Mo, Mi, Fr und erster So im Monat, 10–13 Uhr).

Vom **Parkplatz (1)** folgen wir mit dem GR 223 der Straße Me-2 südostwärts. 700 m weiter biegen wir links in den Camí de Cala Pedrera ein **(2)**. Er führt uns zur obersten Straße der Siedlung Sol de l'Est. Wir gehen nach rechts und am Ende der Siedlung wieder links abwärts. Unten gehen wir links bis zur **Cafetería Sol de l'Est (3)**. Nach dieser finden wir eine Öffnung zum Meer. Wir gehen dort gleich wieder rechts auf einem schönen Pfad, anfänglich vor gediegenen Appartementhäusern, dann nach Überqueren eines Mäuerchens über Weiden.
Wir folgen dem deutlichen Pfad immer weiter bis zum äußersten Punkt,

Cala Corb an der Hafeneinfahrt nach Maó.

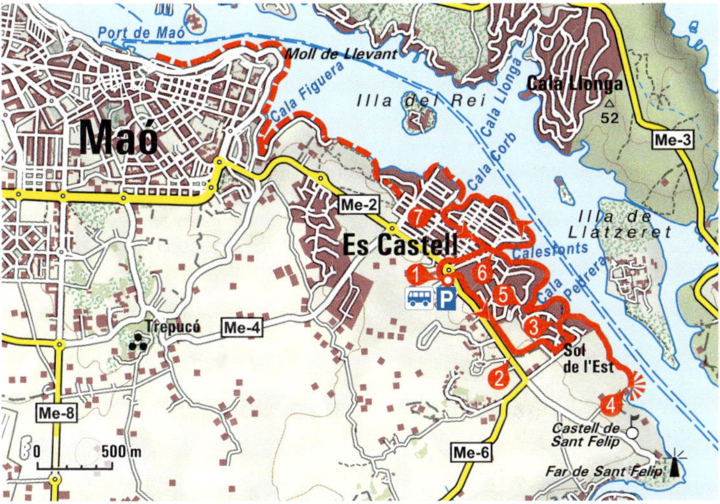

wo uns die Zäune des militärischen Sperrgebietes das Weitergehen verwehren **(4)**. Wir kehren auf demselben Weg zurück, bleiben in Sol de l'Est diesmal aber auf dem Pfad am Meer. So gelangen wir hoch über den Uferfelsen in die Bucht **Cala Pedrera (5)**. Nur kurz müssen wir auf die Uferstraße aufsteigen, bevor es gleich wieder auf einer Treppe hinunter auf einen Platz über der Bucht geht.

Auf der andern Seite des Platzes beginnt gleich rechts ein deutlicher unbefestigter Weg, der sich bald zu einem schmalen Pfad verengt und uns in abenteuerlichen Varianten stets vor den Mauern der Häuser am Ufer entlangführt. Schon fast in der nächsten Bucht, Calesfonts, angelangt, gehen wir über eine breite Treppe hinunter auf den Schiffsanlegesteg und gelangen so ins Buchtinnere **(6)**. Über die touristische Flaniermole wandern wir weiter dem Ufer entlang, bis es nicht mehr weitergeht. Wir wenden uns nach links und auf der untersten Straße gleich wieder nach rechts, wo wir geradeaus auf die **Mirada de Cala Corb (7)** gelangen: eine weite Plattform über der einfachen Bucht. Am Ende der Mirada de Cala Corb schließen wir unsere Buchtwanderung ab, indem wir nach links in die Carrer Cales Fonts einbiegen. Sie bringt uns über die prächtige Plaça de S'Esplanada zurück in die Bucht Calesfonts, von wo wir zurück zum **Parkplatz (1)** aufsteigen.

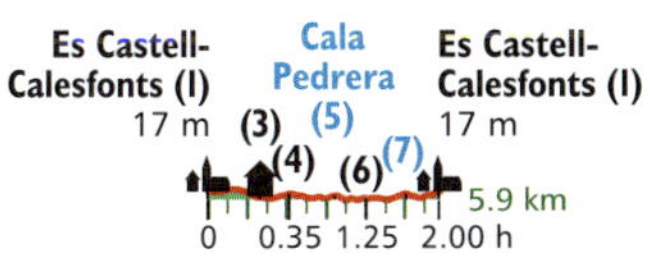

16 Torre d'en Penjat und Camí de Binissaida

3.15 Std.

Zwei kurze Routen vom selben Ausgangspunkt aus

Zum Auftakt der Tour schlendern wir entlang der schmalen Bucht von Sant Esteve am stolzen Fort de Marlborough vorbei zu den meernahen, magischen Steinbrüchen des Festungsbaus hinaus und steigen zum Torre d'en Penjat mit seinen immensen Ausblicken über die Hafeneinfahrt von Maó hinauf. Dann begehen wir einen der schönsten alten steinmauergesäumten Wege der Insel – den Camí de Binissaida.

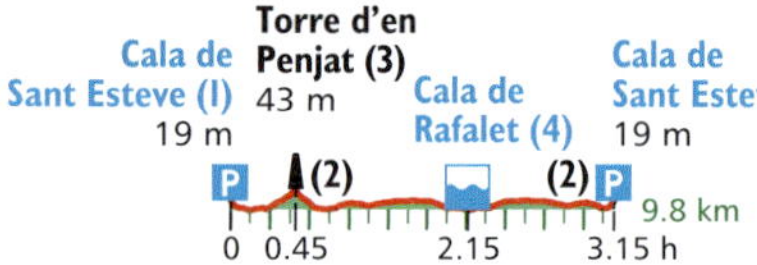

Ausgangspunkt: Parkplatz vor der Abfahrt in die Cala de Sant Esteve, 19 m.
Anfahrt: Über die Me-2 von Maó an Es Castell vorbei in Richtung Fort de Marlborough.

Höhenunterschied: 110 m.
Anforderungen: Unebene Pfade und Wege.
Einkehr: Keine.
Tipp: Besichtigung des Fort de Marlborough (täglich 9.30–15 Uhr geöffnet).

Torre d'en Penjat.

Gegenüber der Einfahrt zum **Parkplatz der Cala de Sant Esteve (1)** finden wir den Beginn eines schönen gepflasterten Weges, der uns in drei Minuten hinunter zum hintersten Ende der schmalen malerischen Cala de Sant Esteve bringt. 100 m weiter der Straße folgend, zweigt rechts der markierte GR 223, Camí de Cavalls, ab **(2)**.
Wir schlendern zunächst weiter der Straße nach am Eingang zum Fort de Marlborough vorbei und gehen dann nach links dem Ufer entlang auf die Landspitze hinaus und suchen unseren Weg durch die faszinierenden ehemaligen Steinbrüche. Zurück auf der Straße finden wir beim kleinen

Cala de Sant Esteve.

Parkplatz am Ende der Straße Wegspuren, die uns zum sichtbaren Turm **Torre d'en Penjat (3)** führen. Der dreigeschossige Befestigungsturm wurde von den Engländern 1798 erbaut, um die Hafeneinfahrt zusätzlich zu schützen. Er ist etwas baufällig und bietet eine Rundsicht auf die Hafeneinfahrt. Wir gehen auf demselben Weg zurück und wählen nun den **Camí de Cavalls (2)**. Steil steigt er aus der Bucht auf, um dann eben auf der Höhe die Villa Eugenia zu passieren. Der Weg wird immer schöner, überquert beim Gehöft Binissaida de Devant eine Asphaltstraße, um dann wieder als gediegener alter Weg zwischen Trockensteinmauern weiter südwärts zu führen. Das schöne Stück endet bei einer Piste, die nach Son Vidal führt. Wir folgen eine Viertelstunde weiter dem Camí de Cavalls bis zu dessen Markierungspfosten Etappe 19/053, wo wir 3 m daneben einen schmalen Mauerdurchbruch finden. Dort beginnt der Waldweg zur wunderschönen Bucht **Cala de Rafalet (4)**, vgl. auch Tour 18, zu der wir auf dem zauberhaften Weg absteigen.

Wir kehren auf dem Hinweg zum **Parkplatz (1)** zurück.

TOP 17

Traditionelle Steinmauerwege bei Trebalúger

2.30 Std.

Stilles Gehen über Land

Über 11.000 km lang sind alle Trockensteinmauern Menorcas zusammen, haben die Kartografen errechnet; eine gewaltige Zahl für diese gerade mal 50 km lange Insel! Sie dienten primär gewiss einfach der Lagerung der vielen Steinbrocken, die sonst die ganze Insel bedeckt hätten, dann aber auch der Grenzziehung und Besitzmarkierung, dem Windschutz und als Begrenzung von Viehweiden. Während die einfacheren Fußwege die Mauern auf vorspringenden Trittsteinen überquerten, wurden die stärker – auch mit Tiertransporten – frequentierten Verbindungswege eigens zwischen Mauern angelegt. Mit dem Straßenbau haben sie ihre ursprüngliche Bedeutung verloren, sind überwachsen oder zerstört. Einige aber haben sich erhalten und werden wieder ausgeholzt und begehbar gemacht. Sie erlauben ein wunderbar stilles Wandern!

Ausgangspunkt: Torre Nova de Riera, 39 m, Parkmöglichkeit vor dem ehemaligen Friedhof.
Anfahrt: Von Maó auf der Me-2 in Richtung Fort Marlborough, bei Km 4 rechts ab auf die Me-6 in Richtung Sant Lluis, nach 200 m geradeaus auf einer Piste zu einer Siedlung: Auf dieser 200 m weit fahren, bis sie nach rechts in die Siedlung einbiegt; hier parken.
Höhenunterschied: Unbedeutend.
Anforderungen: Fast durchgehend sehr schöne alte Naturwege und Pisten.
Einkehr: Keine.

Vom Parkplatz beim ehemaligen Friedhof von **Torre Nova de Riera (1)** gehen wir in der Anfahrtsrichtung weiter. Nach gut 50 m geht rechts der Camí de sa Torilla ab, durch den wir am Schluss zurückkehren werden. Zunächst aber bleiben wir auf dem breiten Fahrweg durch die rote Erde südwestwärts. Nach knapp 10 Min. verengt er sich, wir bleiben links auf der deutlichen Fahrspur und gelangen so zur Kreuzung mit dem **Camí de Biniatap (2)**. Leicht versetzt nach links gehen wir geradeaus weiter, nun auf einem fantastischen alten Wegstück (Camí de Rafal).

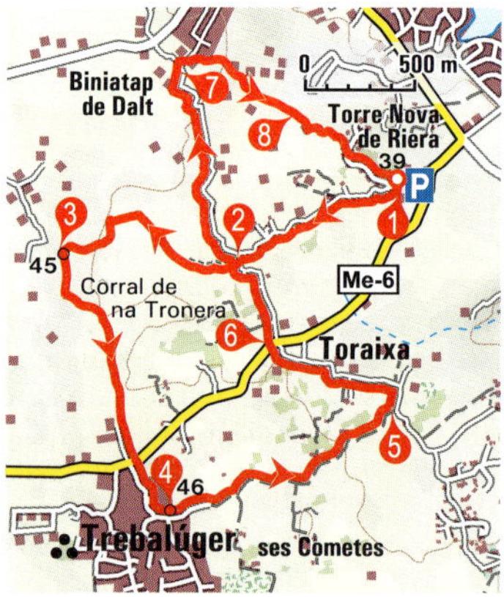

Zum Schluss wieder über einen Feldweg gelangen wir zum **Camí de Trepucó a Trebalúger (3)**; Schild. Hier wenden wir uns nach links und begehen den wunderschönen alten

Der Camí de Rafal.

Weg bis zur Straße Me-6. Wir überqueren sie geradeaus und gehen auf der Asphaltstraße gegenüber in die Siedlung Trebalúger hinein; nach 200 m halten wir uns bei der Straßenverzweigung links und finden 60 m weiter, wo die Straße wieder nach rechts abbiegt, geradeaus den Beginn des **Camí Fosc (4)**.

Zu Beginn fahrzeugbreit, dann als fantastischer alter Steinmauerweg, führt er uns an einem militärischen Sperrgebiet entlang bis zum Asphaltsträßchen **Camí de Toraixa a Binissaida (5)**. Hier wenden wir uns nach links und gehen auf dem Sträßchen erst nord-, dann westwärts. Kurz vor der Siedlung Toraixa knickt das Sträßchen scharf nach rechts ab, wir aber bleiben geradeaus und gelangen so wieder zur Me-6, die wir wieder geradeaus überqueren **(6)**. Jenseits führt uns der Fahrweg Camí de Biniatap zur uns bereits bekannten **Kreuzung (2)**. Diesmal bleiben wir geradeaus bis zur Asphaltstraße bei einem Industriegebiet. Wir gehen rechts und 80 m später gleich wieder rechts **(7)**, ostwärts. Bei der folgenden Verzweigung wählen wir die rechte, breite Naturstraße. Sie läuft über einen Damm und leitet uns nach 5 Min. zur Abzweigung des **Camí de sa Torilla (8)**; Schild. Auf ihm gelangen wir wieder zurück nach **Torre Nova de Riera (1)**.

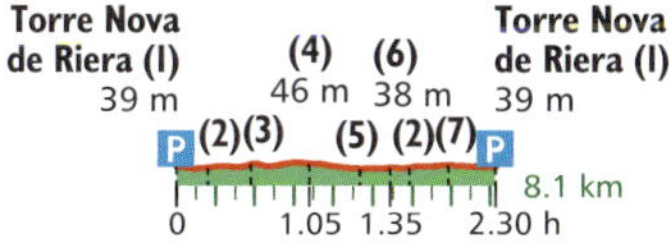

18 Der Südosten – große Runde bei Alcalfar

4.00 Std.

Schöne Buchten und eine mauerreiche Runde im Hinterland

Es sei gleich vorweggenommen: Es gibt viel Asphalt auf dieser Runde. Sie ist also nichts für einen heißen Sommertag, aber vielleicht gerade das Richtige für eine Wanderung an einem kühlen, windigen Tag. Der Weg führt uns zunächst in die wunderbare Schlucht der Cala de Rafalet, dann über viele mauergesäumte Wege zum Talayot von Trebalúger – einem der ältesten der Insel.

Ausgangspunkt: Bucht von Alcalfar.
Anfahrt: Zufahrt über die Me-8 von Sant Lluis her; am Ende dieser Straße rechts zum ausgeschilderten Parkplatz über dem Strand. Busverbindung ab Maó, Linie 91 bis »Alcaufar«.

Höhenunterschied: 110 m.
Anforderungen: Die ganze Tour verläuft größtenteils auf befestigten breiten Wegen und ist entsprechend schattenlos.
Einkehr: Restaurants in Alcalfar, Cala Biniancolla und Punta Prima.

Von der fantastischen Bucht **Cala d'Alcalfar (1)** folgen wir den Markierungen des GR 223, Cami de Cavalls, durch das Dorf aufwärts. Dann müssen wir kurz der Zugangsstraße folgen, bis rechts der Cami de Cavalls abzweigt. Er besteht anfänglich aus einer unbefestigten Straße, überquert eine Asphaltstraße, bis er bei einem Tor in einen breiten Fußweg übergeht. 3 Min. nach diesem Tor beschreibt er eine deutliche Kurve nach links und von rechts mündet ein Fußweg ein; 10 m weiter finden wir 3 m vor dem Cami-de-Cavalls-Pfosten 19/053 einen schmalen Mauerdurchbruch, durch den wir auf den Weg durch den Barranc de Rafalet kommen. Wir gehen darauf über weichen Untergrund durch zauberhaft schattigen Eichenwald bis zur schmalen **Cala de Rafalet (2)**. Ein Ort der Stille und des reinen Wassers.

Barranc de Rafalet.

Wieder zurück auf dem GR 223 folgen wir diesem weiter über Weiden. Ein erster Fahrweg wird überquert, beim zweiten (15 Min. nach Rafalet, Zugang zum Gehöft Son Vidal, Wegweiser für Radfahrer »Trebalúger«) gehen wir nach links auf dem geteerten Sträßchen westwärts. Wir

folgen ½ Std. stets der Asphaltstraße und dem Radweg, auch durch die Häuser von Trebalúger. Dann kommt von rechts die Fahrradroute des Cami Fosc (Wegweiser); wir gehen mit der Straße nach links und 50 m weiter wieder links. An der Kreuzung mit dem Hinweisschild für Radfahrer »Sant Lluís 2,4 km« werden wir nachher unseren Rückweg beginnen. Zuvor aber besuchen wir den **Talaiot de Trebalúger (3)**, indem wir auf der Straße nach rechts gehen und dann den Hinweisschildern folgen.

Sommerbetrieb in der Caló Roig vor dem Torre d'Alcalfar.

Zurück beim erwähnten Fahrrad-Wegweiser wandern wir nun südwärts auf dem Camí Vell. An dessen Ende erreichen wir eine Asphaltstraße, der wir nun längere Zeit folgen. Bei einer Gabelung der Straße wählen wir die rechte, westliche. Schließlich überqueren wir die Landstraße Me-8 und finden auf der gegenüberliegenden Seite den Beginn des Camí Vell de Biniancolla, eine breite unbefestigte Piste, auf der wir stets weiter südwärts über den Hügel gehen. Bei den ersten Straßen und Häusern des Siedlungsgebietes bleiben wir geradeaus bis hinunter ans Meer und in die **Cala Biniancolla (4)**.
Ab hier führt uns der GR 223, Camí de Cavalls, ostwärts zuerst über die dem Ufer nächstgelegene Straße, dann auch entlang der Küste zum Strand der **Punta Prima (5)**. An dessen Ende wandern wir auf dem Camí de Cavalls zurück zur **Cala d'Alcalfar (1)**: ein wohltuendes Abschlussstück!

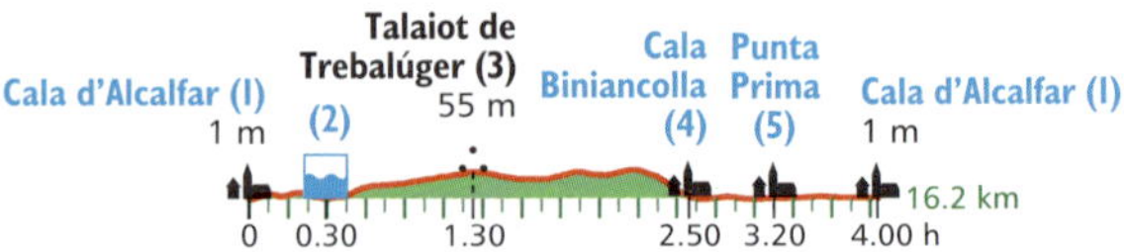

5.15 Std.

Von Llucmaçanes nach Binibèquer Vell

19

Große Besichtigungstour im Südosten – alte und neue Wege

Auf dieser weiten Runde erlebt man die verschiedensten Aspekte Menorcas: ländliche Dörfer mit ihren weiß getünchten Häusern, eine Kleinstadt mit den zweistöckigen Häuserreihen, Äcker und magere Weiden, Wind, Licht und Ruhe, Trockensteinmauern bis an die Horizonte, altehrwürdige Wege und viele Sträßchen, eine talayotische Siedlung, weite Blicke über Land und Meer, die Südküste mit ihren Feriensiedlungen samt dem pittoresken Binibèquer Vell, schroffe Uferfelsen und sandige Badebuchten, gediegene Landsitze und Kleinbauernhöfe ... An einem heißen, windstillen Tag würden einen die vielen Asphaltstrecken verzweifeln lassen, aber wer mit Interesse und Neugierde unterwegs ist, der ist mit dieser Tour gut bedient.

Ausgangspunkt: Kirche Esglesia de Sant Gaietà in Llucmaçanes, 67 m.
Anfahrt: Am westlichen Beginn der Umgehungsstraße von Maó unscheinbare Ausfahrt »Llucmaçanes«; enges Sträßchen bis dorthin; im Dorf an der Kreuzung rechts; ausgeschilderte Parkplätze am Straßenrand.
Höhenunterschied: 130 m.
Anforderungen: Weite Tour mit vielen Abschnitten auf schattenlosen Sträßchen mit wenig Verkehr; auch grobschotterige Wegstücke.
Einkehr: Restaurants, Bars und Läden in Binibèquer (v. a. Sommer), Sant Lluís.
Tipp: Die Windmühle Es Molí de Dalt von Sant Lluís ist die Mutter aller Windmühlen auf Menorca. Sie ist funktionstüchtig erhalten und sehenswert. Besichtigung: Mo–Fr 10–14 Uhr, Sa 10–13 Uhr.

Gleich nördlich neben der Kirche von **Llucmaçanes (1)** beginnt der Weg Camí de Biniati. Wir folgen dem hervorragenden traditionellen, von Trockensteinmauern gersäumten Weg eine ½ Std., gehen dann auf der Asphaltstraße geradeaus weiter und finden 5 Min. später in der nächsten Kurve geradeaus die Fortsetzung, die uns ebenso angenehm ruhig, im Wechsel von Licht und Schatten weiter südwärts führt. Der Weg weitet sich zu einem Fahrweg und erreicht eine Asphaltstraße.
Hier besuchen wir links das 5 Min. entfernte talayotische **Poblat Binissafullet (2)**, eine einfache, recht große Anlage mit einem kleinen Talayot und einer Taula. Wir kehren auf derselben Straße zurück zur Stelle, wo wir sie vordem erreicht haben, und folgen ihr nun weiter westwärts. Es ist ein erträgliches Sträßchen mit Aussichten über das Meer samt Mallorca, dem Flugplatz und dem Monte Toro in der Ferne. Wir gehen bis zur Einzäunung der Flugpiste, dort links und am Ende der Flugpiste wieder nach rechts. Kurz vor der Mitte der An- und Abflugschneise, die wir anhand der Scheinwerferanlagen leicht ausmachen können, finden wir rechts die eingezäunten Ruinen der talayotischen Siedlung **Biniparratxet Petit (3)**; einen anderen Teil finden wir im Park des Flughafenparkplatzes, vgl. Tour 22.

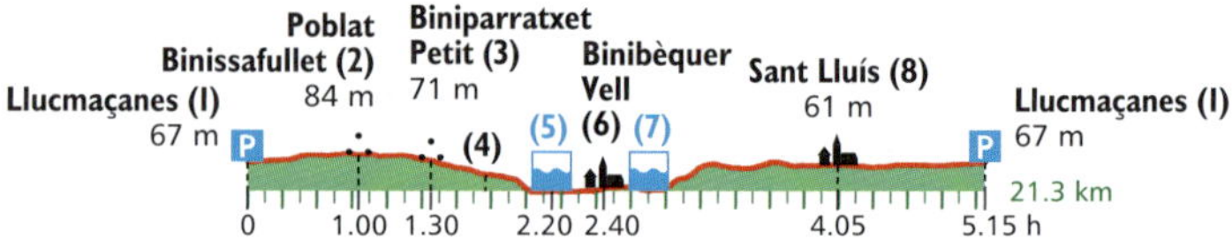

Gleich nach den Lichtanlagen der Flugschneise schlagen wir links den breiten steingepflasterten Weg ein. Er endet beim Campingplatz Biniparratx (nur im Hochsommer, nur für Gruppen). Von dort folgen wir der Asphaltstraße südwärts, die später leicht abwärts in einen Barranco hineinführt. Wo sie wieder zu steigen beginnt, finden wir die Kreuzung mit dem GR 223, Camí de Cavalls, **(4)**. Wir folgen diesem nach links und gelangen so ans Meer. Dort folgen wir links der Küstenstraße und können 10 Min. später nach rechts zur **Cala Binissafúller (5)** absteigen – eine schöne Bucht mit kleinem Sandstrand.
Ein schönes kurzes Wegstück des GR 223 führt hinaus zur den Klippen des Buchtrandes und bald wieder auf die Uferstraße. Wir folgen dieser geradeaus; wo sie bei einer eigenartigen Feriensiedlung nach links dreht, gehen wir zunächst geradeaus zum Uferrand und können so freie Blicke auf das romantische Dörfchen **Binibèquer Vell (6)** werfen. Dann gehen wir mit dem GR in die Bucht und zu dieser berühmten Siedlung, wo wir uns verpflegen und durch die schmalen Gässchen flanieren können.
Der GR 223 führt uns weiter entlang der Küstenstraße bis zum Parkplatz der Bucht **Cala Binibèquer (7)**; sie lohnt einen Abstecher und vielleicht einen

Weite Wege im Hinterland – der Camí de Son Xoriguer.

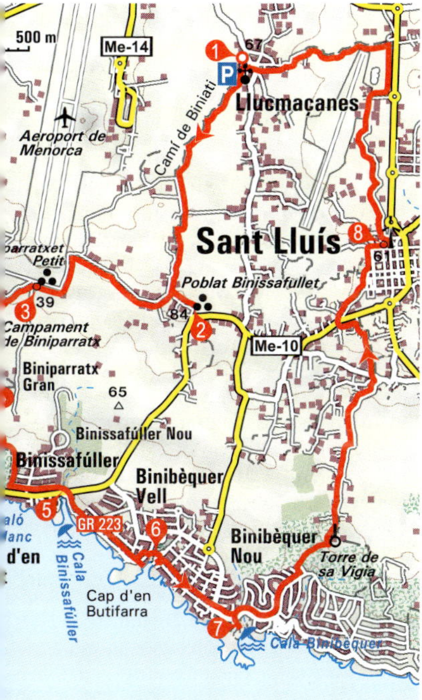

Badehalt (Sommerbar). Wieder zurück folgen wir noch weitere 5 Min. dem GR und biegen dann an einer Kreuzung links ab (Holzwegweiser für Mountainbikes: »Sant Lluís 4,0 km«). Wir gehen auf dieser Straße bergan, halten uns bei einer Gabelung rechts und erreichen eine Anhöhe. Die Straße senkt sich wieder, wir folgen ihr bis zur letzten links abgehenden Stichstraße, wo wir etwas versteckt wieder die Zeichen der Bikeroute finden. Dort links hoch und gleich wieder rechts auf eine Naturpiste, die uns nun in Richtung des Turms Torre de Sa Vigia aus der Siedlung herausführt.

Wir folgen nun immer weiter dieser Piste, die nach der Höhe leicht geteert weiterführt, und gelangen nach ½ Std. zur Straße von Torret. Wir gehen auf dieser 50 m nach links und dann in der vorherigen Richtung weiter (Camí de la Coixa). Eine ¼ Std. verweilen wir auf dieser abwechslungsreichen Feldstraße. Bei der folgenden Landstraße Me-10 gehen wir 150 m links und biegen gleich wieder scharf nach rechts in den Camí Vell de s'Ullastrar ein. Er leitet uns zum Rand der Häuser von Sant Lluís. Wir gehen in derselben Richtung weiter, dann etwas nach rechts versetzt auf der Ortsstraße in Richtung Norden bis zu ihrem Ende. Hier wenden wir uns nach rechts und gehen bis zur **Windmühle von Sant Lluís (8)** an der Hauptstraße.

Von der Windmühle aus gehen wir auf der Hauptstraße nach Norden in Richtung Maó, biegen gleich in die erste Querstraße nach links ein, um gleich wieder rechts in den Camí de Santa Rita einzuschwenken. Wir folgen ihm bis zu seinem Ende nach der Pferderennbahn. Dort gehen wir nach rechts zur Straße Me-8 und auf dem Gehweg weiter in Richtung Norden. Vor dem Bar-Restaurante El Picadero zweigen wir nach links auf den Camí de Darrere Malbuger Vell ab. Bei der bald folgenden Verzweigung bleiben wir geradeaus auf diesem wunderschönen Weg. Bei der Kreuzung mit einem Fahrweg wenden wir uns nach rechts und kommen so nach **Llucmaçanes (1)** zurück.

20 Trepucó und sein Camí

1.30 Std.

Ein talayotisches Dorf und ein ursprünglicher Weg

Das Poblat Talaiòtic de Trepucó ist eine der besterhaltenen Anlagen aus der Urzeit der menorcatypischen Besiedelung und lohnt einen Besuch. In diesem Zusammenhang schlagen wir eine kleine Runde im Hinterland vor: zunächst ein paar Asphaltstraßen mit wenig Verkehr, dann aber durch eine Perle der menorquinischen Wege genussreich zum Ausgangspunkt zurück.

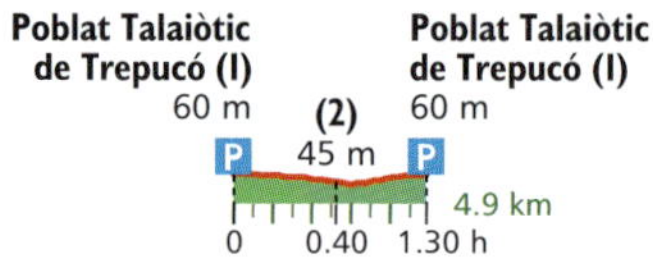

Ausgangspunkt: Parkplatz beim Poblat Talaiòtic de Trepucó, 60 m.
Anfahrt: Von einem Kreisverkehr der Stadtumfahrung von Maó in Richtung »Cementiri, Trepucó«, den Schildern »Talaiot de Trepucó« bis zum Parkplatz folgen. Stadtbus Maó bis Cementiri, von dort 1 km Fußmarsch auf der beschriebenen Anfahrtsstraße.
Höhenunterschied: Unbedeutend.
Anforderungen: Auf den Asphaltstücken schattenlos, auf dem Camí grobschotteriger Untergrund.
Einkehr: Keine.
Tipp: Besuch des Poblat Talaiòtic de Trepucó, Eintritt gratis, Mo geschlossen.

An der Einfahrt zum Parkplatz am **Poblat Talaiótic de Trepuco (1)** finden wir die Hinweisschilder auf den markierten Wanderweg PR-IB-Me 2, dem wir die ersten 5 Min. in Richtung »Calescoves« folgen. Bei der Kreuzung, wo der PR rechts abbiegt, bleiben wir geradeaus. Indem wir stets dieser wenig befahrenen Straße folgen, gelangen wir zur Landstraße Me-6. Hier wenden wir uns nach links und marschieren 500 m am Rande der Straße ostwärts. Wir erreichen einen Kreisverkehr, in dem es rechts zum »Talaiot de Trebalúger« geht. (Sofern wir ihn auch noch besuchen wollen: 15 Min. hin und zurück, vgl. Tour 18.) Wir biegen aber links in den **Camí**

Camí de Trepucó a Trebalúger.

Taula und Talayot des Poblat Talaiòtic de Trepucó.

de Trepucó a Trebalúger (2) ein. Zuerst noch Piste, verwandelt er sich bald in den wunderbarsten menorquinischen Steinmauernweg, von Olivenbäumen beschattet und faszinierend. Einen guten Kilometer lang können wir ihn genießen, auch wenn er sich zum Schluss etwas verbreitert. Durch Schweineweiden erreichen wir die Kurve einer Asphaltstraße. Wir gehen rechts (Holzwegweiser »Maó 1,6«). Eine ¼ Std. später gelangen wir zu einer größeren Straße, wo wir geradeaus bleiben (Holzschild »Maó 0,3«). An der folgenden Kreuzung schwenken wir links in den etwas versteckten Camí des Moro ein, der uns auf den Anfangsweg zurückführt, wo wir gleich rechts den Parkplatz am **Poblat Talaiótic de Trepuco (1)** wieder vorfinden.

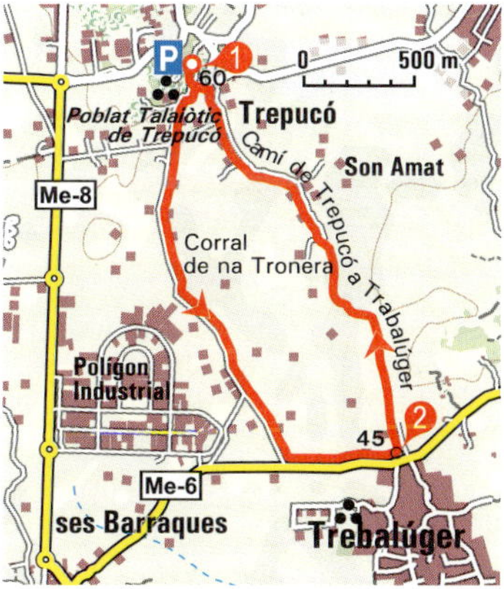

Vor oder nach der Wanderung lohnt der Besuch des talayotischen Dorfs von Trepucó.

21 Wege und Talayots bei Maó

5.00 Std.

Große Runde in Hauptstadtnähe – Stille und Ursprünglichkeit

Diese abwechslungsreiche und ausgesprochen lohnende Rundwanderung führt uns direkt aus dem Zentrum von Maó über Straßen, Naturpisten und traditionelle Pfade zu vielen sehenswerten Zeugnissen der Urgeschichte. Obwohl wir uns nur wenig von der Hauptstadt entfernen und uns in Flugplatznähe bewegen, ist die Tour erstaunlich still und bietet schöne Einblicke in die extensive Landwirtschaft von Menorca. Die fünf archäologischen Stätten am Weg sind ausgezeichnete Beispiele der talayotischen und frühchristlichen Lebensart. Und mit dem Camí empedrat de sa Font d'en Simó begehen wir einen der schönsten traditionellen Wege der Insel überhaupt.

Ausgangspunkt: Maó, Plaça de s'Esplanada, 48 m, (der große Platz in der Stadtmitte, nahe der Autobusstation).
Anfahrt: Div. Autobuslinien bis Maó/Estació d'Autobusos. Wer mit dem Auto anfährt, parkt auf den Parkplätzen beim Friedhof (Stadtumfahrung Maó, Ausfahrt »Cementiri«, ausgeschilderte Parkplätze nach dem Friedhof), steigt dort in die Tour ein und begeht den Anfang zum Schluss.
Höhenunterschied: 120 m.
Anforderungen: Recht lange, teilweise schattenlose Tour, einige Abschnitte auf kaum befahrenen Asphaltsträßchen, meist Naturpisten und schöne traditionelle Wege zwischen Mauern; zur Wanderzeit muss die Besichtigungszeit (2 Std.) hinzugerechnet werden.
Hinweis: Die Tour besucht diverse Sehenswürdigkeiten; beim Talaiot de Trepucó und dem Talatí de Dalt muss Eintritt bezahlt werden, wenn der Informationsstand geöffnet ist (an den meisten Tagen im Sommerhalbjahr), in der übrigen Zeit sind sie gratis zugänglich (Tor öffnen und schließen!).
Einkehr: Bar-Rest. El Picadero; im Sommer Kiosk beim Talatí de Dalt.

Auf dem Camí de sa Font d'en Simó.

Wir beginnen unsere Wanderung in der östlichen und dem Hafen zugewandten Seite der Plaça de s'Esplanada von **Maó (1)** durch die Carrer de Ses Moreres. Gleich die erste Querstraße gehen wir rechts (Es Cós de Gràcia, Stadtwegweiser: Ermita de Gràcia). Wir folgen ihr – zum Schluss etwas rechts haltend – bis zur Stadtumfahrung. Auf der anderen Seite des dortigen Kreisverkehrs gehen wir geradeaus weiter am **Friedhof (2)** vorbei. Wir folgen den Schildern **»Talaiot de Trepucó«** bis zu diesem **(3)**. Es handelt

Die »Taula« des Talatí de Dalt.

sich um eine sehr schöne und sehenswerte Anlage (vgl. Tour 20). Nach der Besichtigung folgen wir nun stets den Wegzeichen des PR-IB-Me 2 Trepucó – Calescoves: bald an einer Verzweigung nach rechts, nach Überquerung der Landstraße Maó – Sant Lluís leicht rechts versetzt (beim Bar-Restaurante El Picadero) geradeaus weiter. Nun gehen wir auf einer Naturstraße und schwenken 5 Min. später in den Camí de Darrere Malbúger Vell ein. Dieser verengt sich stets mehr und wandelt sich in einen der wunderbaren traditionellen trockenmauergesäumten Hohlwege.
Wieder auf einem Natursträßchen erreichen wir eine asphaltierte Querstraße und gehen gleich gegenüber auf dem Camí d'en Claudis weiter; er ist knapp fahrzeugbreit, teils steingepflastert oder über Fels laufend.
Auch die nächste Querstraße überqueren wir und gehen am dortigen Gartencenter vorbei rechts bis zur Schnellstraße Me-12. Nach der vorsichtigen Überquerung folgen wir 5 Min. dem asphaltierten Camí de Curnià bis zu einer Verzweigung, wo wir später links weitergehen werden. Zuerst aber besuchen wir die beiden Talayots von **Curnià Vell (4)**, zwei noch ursprüngliche, wenig touristisch genutzte, sehr schöne Anlagen; entdeckenswert!
Zurück bei der Verzweigung gehen wir nun geradeaus, überqueren erneut vorsichtig eine Überlandstraße und folgen 10 Min. einem wiederum sehr schönen Wegstück. Wir gelangen an eine Piste mit vielen Schildern, direkt in

Camí de sa Font d'en Simó.

der Anflugschneise des Flugplatzes zur Linken. Wir verlassen hier unseren PR-IB-Me 2 und gehen rechts in den ausgeschilderten Verbindungsweg zum PR-IB-Me 1. Auf einem Asphaltsträßchen wandern wir am **Talaiot Torellonet Vell (5)** vorbei, den ein Blinklicht der Flugsicherung »ziert«, bis zu einem kleinen Parkplatz und dem Hinweisschild »Basílica paleocristiana des Fornàs de Torellò«. Wir besuchen kurz diese frühchristliche Kultstätte mit ihrem feinsteinigen ornamentalen Bodenmosaik **(6)**.
Dann gehen wir weiter durch diese stets seltsame Landschaft mit tiefen Gräben und Höhlenbauten, weiten Weiden, Äckern, freilaufenden Schweinen und Gemüseplantagen, bis wir zum PR-IB-Me 1 kommen. Ihm werden wir anschließend zurück nach Maó folgen. Zunächst aber wenden wir uns nach links und folgen 20 Min. seinen Markierungen über einen breiten Fahrweg bis zum **Talatí de Dalt (7)**, einer schön gepflegten, vielfältigen und reichhaltigen Anlage der talayotischen Kultur.
Wir gehen zum Abzweig zurück, bleiben diesmal aber geradeaus auf dem PR-IB-Me 1. Auf dieser Asphaltstraße erreichen wir eine Verzweigung, wo wir uns links halten (Holzschild: »Maó, Mahon, Ciutadella«) und kurz danach die Hauptstraße Me-1 erreichen. Wir überqueren diese wiederum mit äußerster Vorsicht und gehen geradeaus weiter. Wir begehen nun den Camí de sa

Font d'en Simó, einen bald wunderschönen klassischen Weg, dessen traditionelle Steinpflasterung (= camí empedrat) weitgehend erhalten geblieben ist. Durch einen kleinen Barranco führt er uns hinunter in ein Tal. Bei

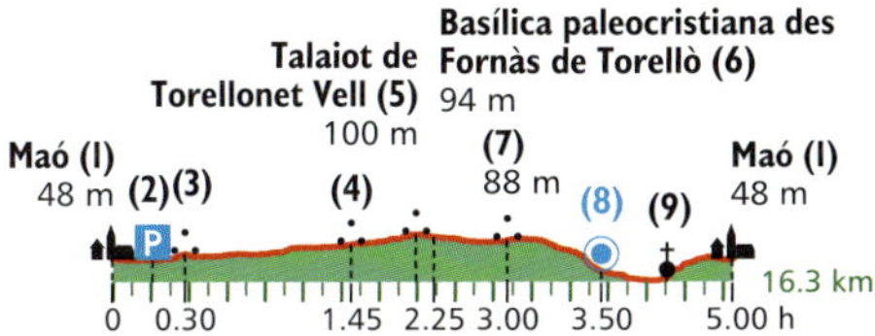

der dortigen überwachsenen Quelle **Font d'en Simó (8)** beginnt ein Pfad, der uns nach rechts durch das Tal weiterführt. Er erweitert sich zum Fahrweg, schließlich im Talgrund zum asphaltierten Sträßchen, das stets neben der Bachrinne weiterführt. 100 m vor der bereits sichtbaren Straße Me-7 biegen wir nach rechts über die Brücke des Torrent des Gorg ab (Wegweiser) und folgen nun dem Camí de Baix de Sant Joan. Er führt uns in den Beginn eines Seitenbarrancos hinein zur Kirche **Sant Joan des Vergers (9)**.
Bei den vier riesigen Platanen beginnt unser betonierter Aufstiegsweg. Wir überqueren erneut die Umgehungsstraße, finden einen Pfad und gleich danach den alten gepflasterten Camí Empedrat de Dalt Sant Joan, der uns an den Stadtrand von Maó führt. Wir gehen nun stets geradeaus – auch wenn sich die Straßen nach rechts und dann nach links wenden – durch die Stadt-Straßen bis zur Plaça de s'Esplanada von **Maó (1)**.

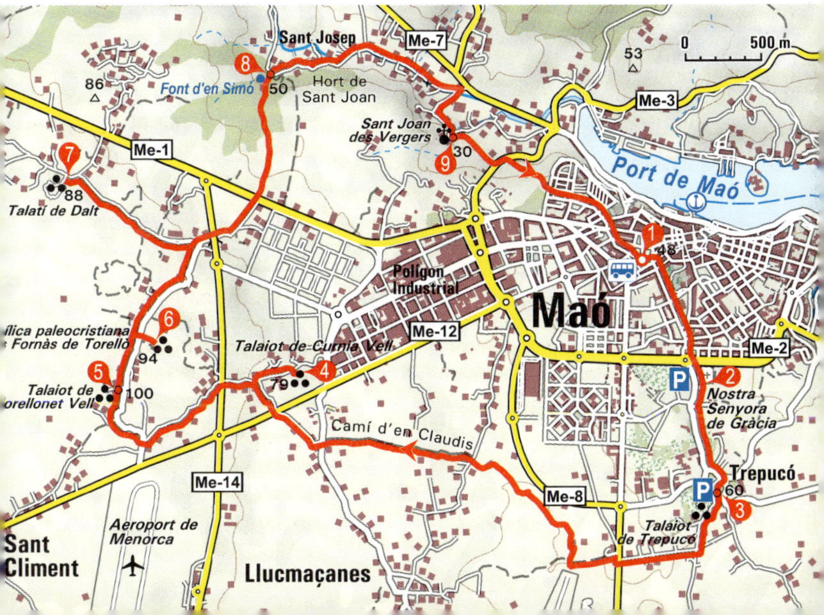

22 Flugplatz Maó

1.30 Std.

Ankommen auf Menorca – olivengesäumte alte Wege am Flughafen

Das ist einmalig! Einen Steinwurf vom Flugplatz Menorca entfernt können wir auf schönsten traditionellen Wegen loswandern. Der Gegensatz könnte größer nicht sein: aus der technischen, maschinenhaften Welt des modernen Transportes mit wenigen Schritten in die jahrhundertealte Ruhe steingesäumter, olivenbaumschattiger Pfade durch karge Felder mit ihren unendlichen Trockensteinmauern. Und vorbei an einigen klassischen weiß getünchten menorquinischen Häusern mit ihren Außenkaminen und den nicht wandbündigen Dächern und den gepflegten Gärten ... Ein wahres Ankommen und Öffnen der Seele nach dem beengten Hinflug! Oder gleich zu Fuß in die Hauptstadt: in eineinhalb Stunden sind Sie im Herzen von Maó!

Ausgangspunkt: Aeroport de Menorca, Maó, Ausgang zum Parkplatz (Hinweissymbol Treffpunkt/Punt de Trobada Parking), 79 m.
Anfahrt: Meist Anflug, sonst mit Auto oder Autobus zum Flughafen.
Höhenunterschied: Unbedeutend.
Anforderungen: Festes Schuhwerk; gepflasterte, unebene Wege.
Einkehr: Am Flugplatz.
Variante: Zu Fuß in die Hauptstadt: mit der beschriebenen Route auf dem Camí de Tornaltí d'en Vigo bis zur Asphaltstraße (5), dort links 3 Min. auf der wenig befahrenen Straße bis zur Kreuzung mit dem Wanderweg PR-IB-Me 2 (Wegweiser), auf diesem rechts auf den Camí de Malbúger Vell. Dieser verengt sich bald zu einem erneut sehr schönen mauergesäumten Fußweg: 4 Min. nach Beginn des engen Weges und nach einer S-Kurve ist links die Mauer aufgebrochen und ein deutlicher Fußweg geht links weg. Auf diesem weiter, durch den Tunnel unter der Stadtumfahrung durch und dem Weg folgend bis zum Stadtrand. Hier rechts bis zur Me-8 (Maó – Sant Lluís). Auf dieser links und immer geradeaus bis zur Placa de s'Esplanada im Zentrum (1.30 Std. insgesamt).

Vom Ausgang des **Flughafens (1)** durchqueren wir auf dem Fußweg mit mehreren Zebrastreifen den ganzen Parkplatz samt Ausfahrt bis ans andere Ende. Auf der äußersten Straße gehen wir nach links und gelangen zur **Casa Talaiòtica de Biniparratxet Petit (2)**, den echten Ausgrabungen eines Anwesens aus der Urzeit, die hier im Park neben dem nodernen Flughafen etwas unnatürlich wirken. Weiter dem Sträßchen folgend erreichen wir eine **Kreuzung (3)**, an der wir links wieder zur Ausfahrtstraße gehen. Wir folgen

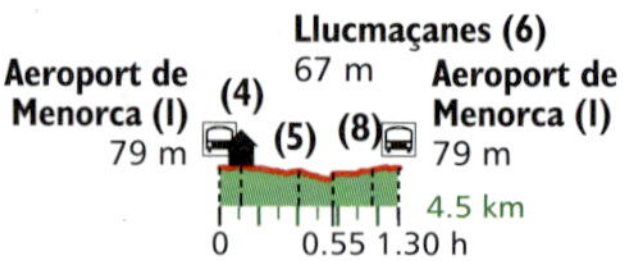

ihr auf dem Randstreifen bis zum **Restaurant El Grill (4)**, vor dem wir den bezeichneten Beginn des Camí de Tornaltí d'en Vigo finden. Nach wenigen Metern verengt er sich zu einem der traditionellen ehemaligen

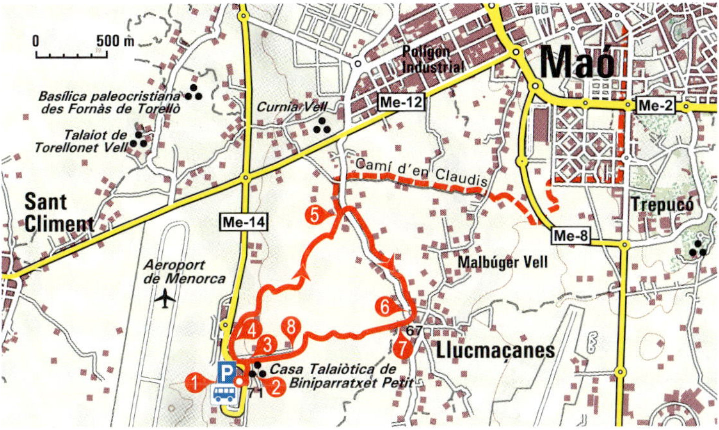

Verbindungswege der Insel, und wir tauchen ein in eine andere Welt.

Nach einer knappen ½ Std. gelangen wir zu einem Asphaltsträßchen, dem **Camí de Na Ferranda (5)**. Wir gehen rechts (die Variante ins Zentrum von Maó zweigt links ab) zum Dorf Llucmaçanes. Unmittelbar vor der dortigen Kirche Esglesia de Sant Gaietà beginnt rechts der **Camí de Biniati (6)**.

Wir folgen ihm 70 m weit und biegen wieder rechts in den **Camí de Tornaltí (7)** ein. Er beginnt auf einem Damm und führt uns dann zwischen Mauern geborgen wunderbar zum Flugplatz zurück. Der Weg endet unvermittelt und entlässt uns durch eine Mauerlücke zur Rechten **(8)**. Auf der dortigen Straße gehen wir geradeaus, erreichen unseren Anfangsweg **(3)** kurz vor dem Flughafen und kehren auf dem bekannten Weg zum Ausgangspunkt am **Flughafen (1)** zurück.

700 m vom Flugplatz Maó entfernt: auf dem Camí de Tornaltí.

23 Große Runde um Cala en Porter

5.30 Std.

Nekropolen, Gärten und viel weites Land – Geschichte und Gegenwart

Die Doppelbucht von Calescoves (= Höhlenbuchten) gehört zu den magischsten Orten der Insel. Seit Urzeiten dienten die Höhlen als Grabstätten, waren dann den Römern wichtig, bis sie in den Siebzigerjahren des letzten Jahrhunderts von nackt lebenden Hippies zu neuem Flower-Power-Leben erweckt wurden. Unsere Exkursion erforscht die spektakulären Buchten ausgiebig, führt dann im Wechsel zwischen mühsamen und schönen Wegstücken weit über Land und zu einer abgelegenen talayotischen Taula. Zum Abschluss besuchen wir die fruchtbaren Plantagen im Barranc de Cala en Porter, zu deren Bucht wir zurückkehren.

Ausgangspunkt: Plaça d'en Mevis, Hauptkreuzung in Cala en Porter, 50 m, Bushaltestelle »Plaça / Sa Paissa«, Parkmöglichkeiten in den Seitenstraßen.
Anfahrt: Von Maó über die Me-12, Bus 31 von Maó (saisonal).

Höhenunterschied: 300 m.
Anforderungen: Teils schmale unregelmäßige Pfade, viele Strecken auf Feld- und Landstraßen. Die Orientierung verlangt Aufmerksamkeit.
Einkehr: Unterwegs keine.

Von der Plaça d'en Mevis von **Cala en Porter (1)** folgen wir den weiß-roten Markierungen des GR 223, die uns zuerst zur Aussichtsplattform »Mirador« über der Bucht von Cala en Porter leiten. Von dort gehen wir auf dem GR weiter auf der Siedlungsstraße hoch über der Bucht. Unvermittelt biegen wir dann links durch die Travesera de l'Avinguda ab, durchqueren die ganze Siedlung bis ans andere Ende, wo wir wieder links gehen, um den Beginn der 17. Etappe des Camí de Cavalls zu erreichen.
Der schöne Weg führt uns sofort durch viel Natur von der Siedlung weg. Gut 10 Min. nach den letzten Häusern läuft der Weg einer Mauer entlang, und würde dann durch ein Tor scharf nach links wieder ansteigen. In dieser scharfen Kurve gehen wir geradeaus, durchschreiten ein Eisentor, das wir wieder verschließen, und finden einen schönen altgepflasterten Weg hinunter in die Bucht. Bei einem Platz vor Höhlen finden wir zur Rechten einen Pfad, der uns in den Buchthintergrund bringt. Beim hintersten Punkt dieser westlichen Bucht geht ein etwas überwachsenes, aber gut sichtbares Weg-

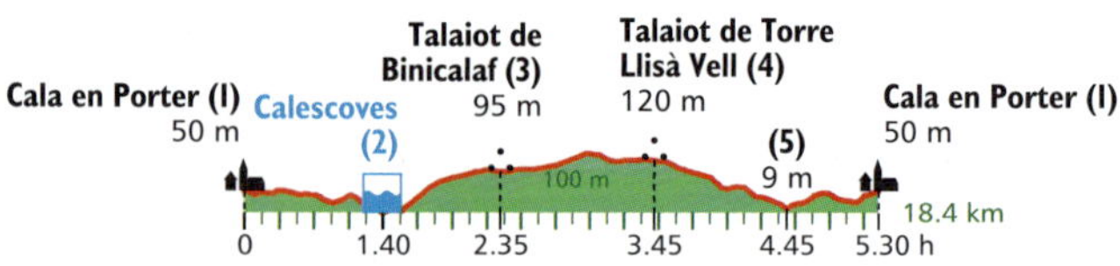

lein in den dortigen Barranco hinein. Wir folgen ihm und steigen dann links steil durch die Flanke auf. Merken Sie sich die Stelle gut, wo Sie die Höhe erreichen, damit Sie im Rückweg den Einstieg in den schmalen Pfad wieder finden! Auf der Höhe können wir links durch Wald bis zur äußersten Ecke über dem Buchteingang vorgehen – ein wunderbarer Rastplatz. Wir gehen auf demselben Weglein zurück.

Wieder beim Platz vor den Höhlen gehen wir nun rechts weiter. Über Pfadspuren gehen wir um das Felsenrund in den anderen Buchtarm. Bei einem Bootshaus erreichen wir wieder einen deutlicheren Weg. Auf halber Strecke zwischen diesem Bootshaus und dem Buchtende können wir links auf einem steilen Weg zu einer großen Höhle aufsteigen, die den Römern als Gerichtsplatz diente, wovon einige in Stein gehauene römische Inschriften zeugen. Es lohnt sich, auch noch auf der Ostseite der Bucht auf Pfadspuren die dortigen Höhlen zu besichtigen; auf in den Fels gehauenen Treppen können Schwindelfreie vorsichtig bis auf die Höhe über der Bucht aufsteigen.

Dann aber verlassen wir die **Calescoves (2)** auf dem Fahrweg am Buchtende. Kurz darauf queren wir den Camí de Cavalls, folgen aber weiter der Fahrspur. Eine ½ Std. trotten wir auf dieser eintönigen Naturstraße in die Höhe, bis wir eine Asphaltstraße erreichen. Den Holzwegweisern folgend gehen wir auf der Straße in Richtung Son Vitamina weiter und zweigen nach 150 m links auf eine Feldstraße ab. Der angenehme alte gepflasterte Fahrweg ist der Camí de Binicalaf und als lokaler Wanderweg PR-IB-Me 2 markiert. Leider ist er 10 Min. später schon wieder asphaltiert. Wir kommen zum **Talaiot de Binicalaf (3)**, den wir besteigen können, um die Aussicht zu genießen. Jetzt aufgepasst: Wir gehen vom Talayot auf der Straße noch 130 m weiter zu einer Stelle, wo ein Wegpfosten des PR-IB-Me 2 steht und ein Holzwegweiser Radfahrer in Richtung »Sant Climent 2,8 km« weist. Hier biegen wir links auf eine Kiesstraße ab. Wir folgen ihr und überqueren nach 10 Min. vorsichtig die Landstraße Me-12. Wir folgen nun immer weiter diesem breiten Camí de Cotaina. Allmählich wird die monotone Strecke abwechslungsreicher und zuletzt noch richtig angenehm.

Auf der folgenden Asphaltstraße wandern wir westwärts. Gelegentlich erfreuen uns schöne Ausblicke über die entfernte Küste und auf Alaior und den Monte Toro. Nach rund 20 Min. gehen wir bei einer Straßenkreuzung geradeaus weiter auf dem Camí de s'Alblagai; der Fahrradwegweiser nennt »Cala en Porter 4,6 km«. 5 Min. weiter finden wir zur Linken die Einfahrt zum Bauernhof Torre Llisà Vell. Wir schwenken in diese Einfahrt ein, gehen geradeaus an den Häusern vorbei und beschreiben mit dem Fahrweg einen weiten Halbkreis nach links. Am Ende finden wir zur Rechten einen Mauerdurchgang und dahinter eine Pfadspur ostwärts; 50 m weiter erreichen wir die Mauern eines talayotischen Hauses **(4)** mit einer wunderschönen Taula im Innern.

Calescoves.

Barranc de Cala en Porter.

Zurück auf der Straße gehen wir nun noch 50 m weiter über Asphalt und biegen dann links in den Camí de Torralbenc ein (Wegweiser »Cala en Porter 4,2 km«). Wieder können wir einen sehr schönen alten gepflasterten Weg genießen, diesmal sogar eine halbe Stunde lang. Bei der folgenden Fahrstraße werden die Radfahrer nach links gewiesen, wir aber bleiben geradeaus auf der Straße, die hier etwas ansteigt und zur Rechten eine alte Regensammelstelle (aljibe) mit zugehörigem Brunnen (pozo) zeigt. Wir bleiben nun stets auf dieser kaum befahrenen Straße, die uns in einer schwachen ½ Std. in den **Barranc de Cala en Porter (5)** hinunterführt: Wie fruchtbar und üppig wirken all die Plantagen nach der kargen Weideebene, Mispeln, Kirschen, Äpfel und vieles mehr gedeihen hier.
Wir finden die Markierungen des Camí de Cavalls und gehen mit ihnen nach links von der Straße weg. Er läuft angenehm an teils aufgelassenen, teils gepflegten Obstgärten vorbei, um dann unvermittelt steil auf einen Sattel anzusteigen, wo wir einen ehemaligen Dreschplatz bewundern können. Weiter geht es an einer Höhle vorbei auf einem schönen Pfad hoch über dem Barranco, dann wieder hinunter in die Schlucht und auf einem schönen Weg meerwärts.
Bei den ersten Häusern von Cala en Porter geht der GR 223 links weg, wir aber bleiben geradeaus und gehen zur harmonischen Bucht. Aus dieser können wir auf Treppenanlagen zum Mirador aufsteigen, den wir vom Morgen her kennen. Und mit wenigen Schritten kehren wir zum Ausgangspunkt in **Cala en Porter (1)** zurück.

24 Son Bou – Torre d'en Galmès

3.30 Std.

Von der Felsküste zu einem talayotischen Dorf

Wir erforschen auf dieser Wanderung zunächst den vielfältigen Küstenvorsprung Cap de Ses Penyes und die schmale Schlucht der Cala de Llucalari. Dann geht es auf dem Camì de Cavalls und auf Pisten über weite Weiden hinauf zur aussichtsreichen Anhöhe mit der teilweise ausgegrabenen eindrücklichen Fundstätte: Neben den pyramidenförmigen Talayots sind Rundhäuser, Taulas (Tische), Zisternen und eindrückliche Säulensäle (Hypostylos) zu sehen.

Ausgangspunkt: Großer Parkplatz gleich am Ortseingang von Son Bou, rechts vom ersten Kreisverkehr; hier auch Bushaltestelle, 20 m.
Anfahrt: Von der Me-1, Umfahrung Alaior, Straße nach Son Bou Autobus 32 (Maó – Alaior – Son Bou).
Höhenunterschied: 250 m.
Anforderungen: Schmale Pfade und Pisten.

Einkehr: In Son Bou (saisonal).
Tipp: Das talayotische Dorf Torre d'en Galmès ist eine der größten und wichtigsten prähistorischen Fundstätten der Balearen und lohnt den ausgiebigen Besuch. Die Ruinen selbst sind stets zugänglich, das 500 m entfernte Interpretationszentrum an der Straße ist von 9.15 bis mindestens 15 Uhr geöffnet, im Winterhalbjahr aber montags geschlossen.

Am oberen Ende des Parkplatzes am Ortseingang von **Son Bou (1)** überqueren wir auf dem Zebrastreifen die Zufahrtsstraße und folgen den Markierungen des GR 223. Schon nach 15 m auf der Straße steigen wir links auf schmalem Pfad bergan. Diverse Weglein leiten vom Pfad zu Höhlen und Felsblöcken und bald öffnen sich die Tiefblicke auf die Ruinen der frühchristlichen Kirche (Basílica paleocristiana) und über den Strand und das Meer. Nach 10 Min. erreichen wir einen **Sattel (2)**. Es lohnt sich, zuvor gleich rechts einen Abstecher über ein Weglein zu diversen Höhlenhäusern zu ma-

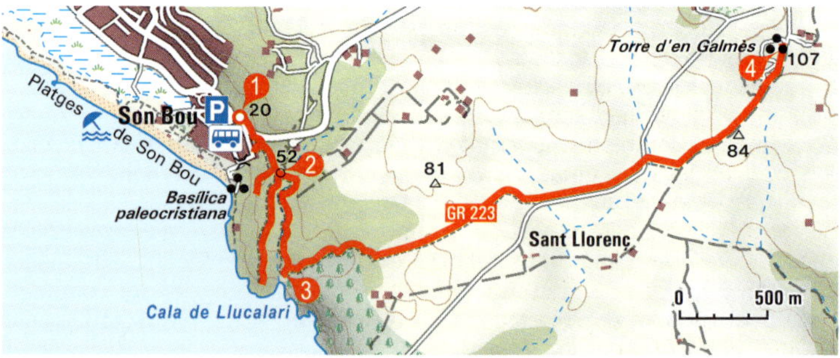

Höhlenhäuser über Son Bou.

chen. Zurück auf dem **Sattel (2)** gehen wir beim für den Camí de Cavalls typischen Tor nochmals rechts auf den lohnenden Ausflug über die Krete: Ein einfacher Weg führt uns bis zum äußersten Punkt, von wo wir wunderschöne Weitblicke über die Küste genießen können.

Wieder zurück auf dem **Sattel (2)** und beim Tor, folgen wir nun weiter dem GR 223 abwärts in den Barranco und zur **Cala de Llucalari (3)**, von hier steigen wir wieder bergan. Über weite Weidenhöhen folgen wir stets den Markierungen des GR. Schließlich erreichen wir eine geteerte Piste, auf der wir nach links 10 Min. weitergehen. Dann wandern wir mit dem GR auf einem Pfad und sehen bereits den Hügel von Torre d'en Galmès.

Bei der folgenden Naturstraße verlassen wir den Camí de Cavalls und wandern links (Wegweiser) in einer ¼ Std. hinauf zum talayotischen Dorf **(4)**. Es lohnt eine ausgiebige Besichtigungsrunde; die wohl schönsten Ruinen befinden sich an der tiefsten Stelle. Wer mag, geht auf der Zufahrtsstraße noch 500 m weiter zum Informationszentrum. Auf dem Weg dorthin passiert man eine links abgehende geteerte Piste; es ist dieselbe, auf der wir auf dem Hinweg ein Stück gewandert sind. Man kann also auch über diese Piste den Rückweg beginnen. Wir kehren auf demselben Weg zurück.

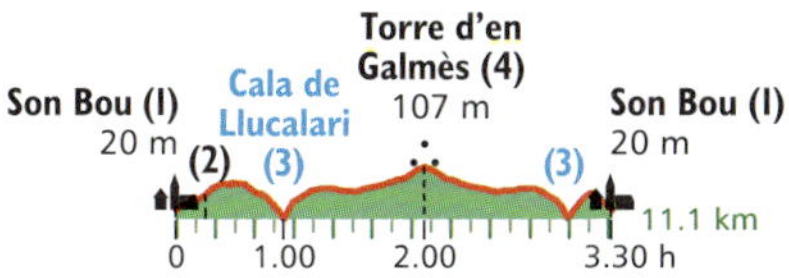

25 Alaior – Barranc del Rellotge

2.00 Std.

Vielfältige Runde um Alaior – samt einer Steinbruchkathedrale

Eine überraschende Runde! Immer wieder gibt es etwas zu entdecken auf diesem Spaziergang: eine vielfältige Pflanzen- und Tierwelt zunächst, dann aber vor allem das Wirken des Menschen: Vorstadtgärten, Lusthäuschen, Steinbrüche, Militärbauten, Kunsthöhlen, vieles mehr – absolut lohnend!

Ausgangspunkt: Sa Placa, Hauptplatz im Zentrum von Alaior, 123 m.
Anfahrt: Über die Me-1, Ausfahrt Alaior, Parkplatz am Ortsrand. Autobuslinie Maó – Ciutadella (an der Bushaltestelle Schilder »Centre 5 Min.« beachten).
Höhenunterschied: 150 m.
Anforderungen: Asphaltstraßen und -wege, wenige unbefestigte Wegstücke.
Einkehr: Bars und Restaurants in Alaior.

Von Sa Plaça in **Alaior (1)** gehen wir nordwestwärts durch die Calle Menor und an der Kirche vorbei. Wir biegen links zum Munt de l'Angel mit dem Wasserturm ein, wo wir nach rechts zur Carrer de Ciutadella absteigen. Auf ihr gehen wir weiter bergab und verlassen die Siedlung. Beim gleich folgenden Kreisverkehr gehen wir rechts und durchqueren auf dem Camí del Campàs einen Talgrund mit Gärten. Immer dem Sträßchen folgend gelangen wir zur dicht- und schnellbefahrenen Hauptverkehrsachse Me-1. Wir gehen wenige Meter links auf dem Seitenstreifen über die Brücke, überqueren mit äußerster Vorsicht die Straße, um dort die Fortsetzung unseres Sträßchens zu finden.
An der Villa Tanus (1941) vorbei wandern wir auf einem Asphaltsträßchen in das Tal hinein. Nach 5 Min. zweigt links ein Fahrweg ab, auf dem wir berg aufgehen. Bereits nach 3 Min. stehen wir am Eingang (Hinweistafel) des ehemaligen Steinbruchs **Pedrera de Santa Ponça (2)**, wo bis 1970 aus dem kalkhaltigen Marés Steinquader gewonnen wurden. So ist eine wundervolle Kathedrale entstanden, bewohnt von Feigenbäumen und Pinien, belebt von nistenden Vögeln und Erinnerungen, mit dem Himmel als Dach.
Bevor wir zurück auf den Talweg gehen, lohnt noch der weitere Aufstieg auf dem Weg, der 10 m vor der Hinweistafel abgeht. Er öffnet uns schöne Ausblicke über Land zum Monte Toro und Rückblicke auf Alaior und führt (Vorsicht! Keine Abschrankungen!) zum oberen Rand des Steinbruchs.
Hier kehren wir auf demselben Weg zurück bis in den Talboden. Nun folgen wir weiter der Teerstraße durch die Schlucht Barranc del Rellotge. Wir gelangen zu den Resten einer Militäranlage, wo sich rechts in den Höhlen Pulverkammern befanden, während an der Straße die zerfallenen Quartiere der Soldaten stehen. Eine Stelle, die eigenartige Gefühle auslöst, doch weitet sich bald darauf die

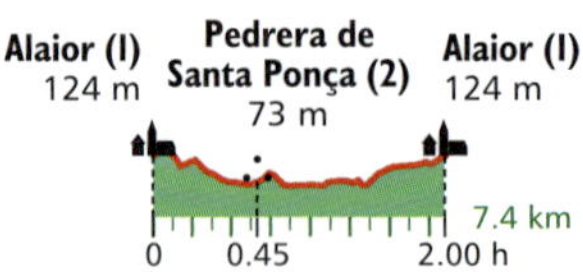

Im Steinbruch Pedrera de Santa Ponça.

Schlucht; auf der gegenüberliegenden Seite können wir künstlich geschaffenen Höhlen erkennen. Schließlich erreichen wir die Straße Alaior – Son Bou. Wir überqueren sie und gehen auf ihr nach rechts bis ans Ende der Kurve, wo wir spitzwinklig nach links in einen Fahrweg einbiegen. (Den schönen Pfad, der gleich hier abgeht, lassen wir leider unbeachtet, da er uns in die falsche Richtung führt.) Wir gehen auf diesem zurück in den Talgrund, überqueren auf der Brücke den Bach und steigen auf der anderen Talseite auf. Auf der Höhe gelangen wir zu Häusern und unser Weg ist ab hier asphaltiert; indem wir bei allen Verzweigungen geradeaus bleiben, unterqueren wir die Umgehungsstraße, erreichen Alaior und kommen auf der Carrer de Sa Bassa Roja an unseren Ausgangspunkt in **Alaior (1)** zurück.

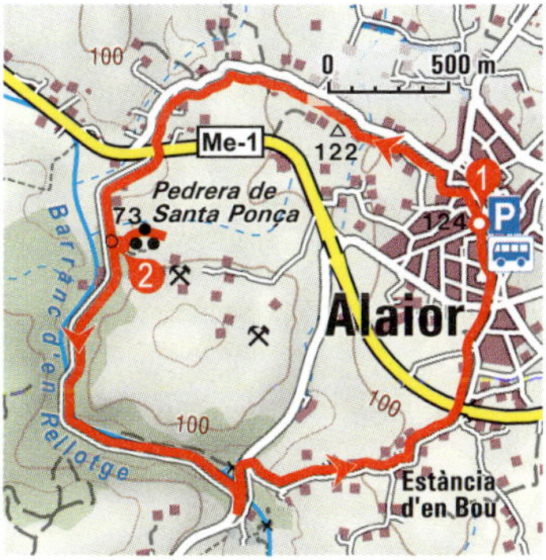

26 Alaior – Monte Toro, 362 m – Es Mercadal

3.45 Std.

Menorcas Aussichtsberg – Alte Wege und neue Straßen

Ein Besuch des Monte Toro ist wegen seiner umfassenden spektakulären Rundsicht ein Muss für alle Menorcabesucher. Hier wird sichtbar deutlich, dass wir uns auf einer Insel befinden: eine perfekte Vogelperspektive über die unterschiedlichen Gegenden Menorcas. Die hier vorgeschlagene Route hat ihre Längen auf den Asphaltstraßen, ist insgesamt aber überraschend schön und wirklich erlebnisreich. Und dank der recht guten Busverbindungen brauchen wir sie nicht zweimal zu begehen.

Ausgangspunkt: Bushaltestelle Alaior (diese befindet sich östlich des Zentrums, zwischen diesem und dem Polígon industrial, bei der Schule »La Salle«, 107 m; in der Nähe viele Parkplätze.
Endpunkt: Bushaltestelle von Es Mercadal (diese befindet sich nahe der Südzufahrt zum Dorf; in der Nähe auch Parkmöglichkeit). Wir empfehlen, den Wagen in Es Mercadal zu parken und mit dem Autobus zum Ausgangspunkt anzufahren, damit das Auto nach Tourende beim Endpunkt bereitsteht.
Anfahrt: Mit dem Autobus von Es Mercadal (eine Station, Abfahrtszeiten unregelmäßig, Mo bis Fr ca. alle 30 bis 45 Min., Sa und So deutlich weniger).
Höhenunterschied: 370 m im Aufstieg, 410 m im Abstieg.
Anforderungen: Unschwierig, aber knapp 10 km auf Asphalt; nicht im Hochsommer unternehmen.
Einkehr: In Alaior und Es Mercadal; Bar-Restaurant auf dem Monte Toro.
Tipp: Das Santuario de la Virgen de Monte Toro lässt sich besichtigen.

Der alte Aufstiegsweg zum Monte Toro.

Von der Bushaltestelle **Alaior (1)** folgen wir den Schildern »centre« und gehen aufwärts durch die schmucken Gassen. In 5 Min. kommen wir zum zentralen Platz Sa Plaça. Unser Weiterweg führt rechts durch die Carrer Major, dann die Carrer Ample, immer auf etwa derselben Höhe bis ans Ende bei einem großen Platz. Hier schwenken wir nach rechts und gehen mit Es Camí Nou abwärts und wieder aufwärts bis zu einer filigranen Kugel aus Hufeisen und der Kirche San Pere Nou. Gleich hinter der Kirche beginnt nach links unser Weg.
Wir folgen nun diesem asphaltierten Sträßchen und sehen vor uns be-

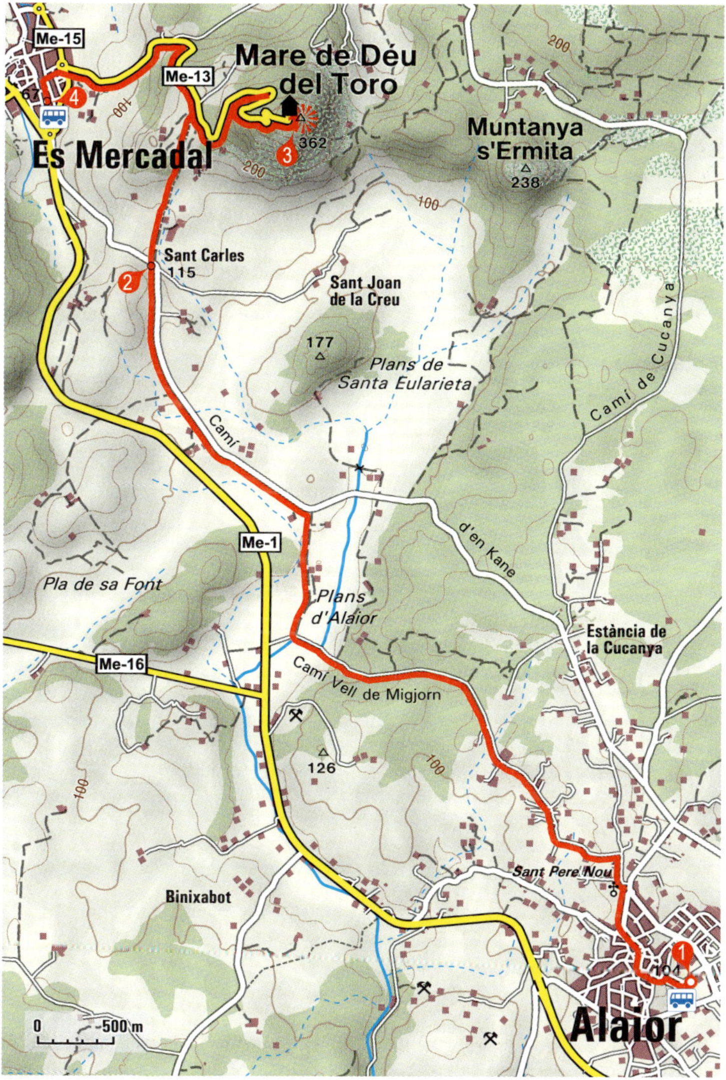

Me-15
Me-13
Mare de Déu del Toro
362
Es Mercadal
Muntanya s'Ermita
238
Sant Carles
115
Sant Joan de la Creu
177
Plans de Santa Eularieta
Camí de Cucanya
Camí d'en Kane
Me-1
Pla de sa Font
Plans d'Alaior
Estància de la Cucanya
Me-16
Camí Vell de Migjorn
126
Sant Pere Nou
Binixabot
Alaior
104
0 500 m

Botanisch reichhaltige Wege am Monte Toro.

reits den Monte Toro. Nach 5 Min. biegen wir nach links in den Camí Vell des Migjorn ein (Tafel und Fahrradwegweiser: »7,2 km es Mercadal«). Er führt uns durch den Außenbereich von Alaior, wo die Bewohner Pferde, Schweine und Hühner halten und ihre Bohnen und Kartoffeln ziehen. Nach einer guten ¼ Std. steigt das Sträßchen an und biegt dann scharf nach links ab. Hier gehen wir geradaus auf einen Naturweg (Wegweiser: »6 es Mercadal«).
Wunderbar ruhig und schattig wandern wir eine ½ Std. durch schönen Wald. An dessen Ende wird die nahe Hauptverkehrsachse Me-1 hörbar. Wir gehen weiter geradeaus auf einem Feldweg, bis wir kurz vor der Hauptstraße nach rechts abzweigen können (Wegweiser: »es Mercadal 4,3«). Bald verengt sich das Feldsträßchen zu einem gediegenen alten Weg zwischen Mauern. Wir kommen zu einer Stelle, wo rechts und links je ein typisches menorquinisches Tor zwischen weißen Säulen steht. Durch das rechte können wir bei Lust und Interesse ein Sumpfgebiet betreten, wo einige Pflanzen und Besonderheiten auf Tafeln erklärt sind. Dann erreichen wir den Camí d'en Kane. Wir folgen nach links dieser recht engen Asphaltstraße. Sie ist zwar wenig befahren, verfügt aber über keinen Seitenstreifen, sodass wir vorsichtig sein müssen.
Nach einer ½ Std. auf dieser Straße beschreibt sie am Fuß des Monte Toro eine scharfe Linkskurve, wo zwei Wege nach rechts abgehen. Wir nehmen den zweiten, unmittelbar nach der Kurve, durch ein Tor, das mit **Son Carlos (2)** angeschrieben ist. Über ihn erreichen wir so den Anfang des alten Aufstiegswegs (Hinweistafel: »Accés peatonal al Toro«).

Ein fantastisch schöner Pfad mit botanisch reichhaltigen Rändern leitet uns in angenehmer Steigung aufwärts – ein Genussstück. Auf halber Höhe gelangen wir zu einer Schotterpiste, auf der wir rechts gehen. Das verschlossene Tor lässt sich rechts auf Mauersteinen übersteigen. Dann sind wir auf der Zufahrtsstraße. Im Moment bleibt nichts, als nach rechts auf der Straße die restliche Höhe zu überwinden. (Bei Redaktionsschluss der 3. Auflage dieses Buches Ende 2018 bestanden Absichten zur Fortführung des alten Aufstiegswegs zum Gipfel und zur Entwicklung einer Alternativroute auf der Nordseite hinunter nach Es Mercadal. Es ist aber unklar, wann diese realisiert werden. Wenn Sie entsprechende neue Wegzeichen sehen, folgen Sie diesen und nicht dem Buch.)

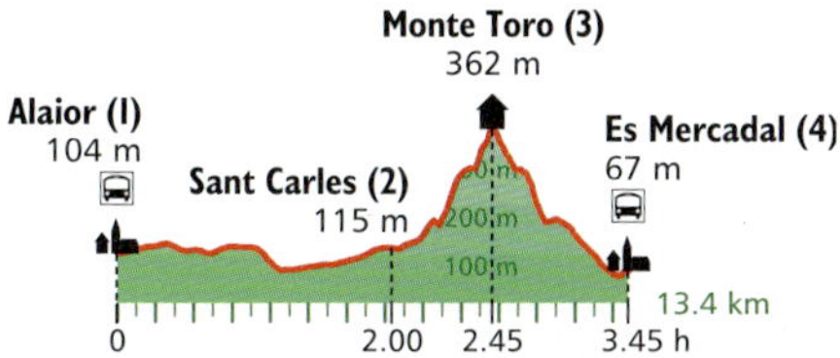

Schritt für Schritt weitet sich nun die Aussicht über die Insel und entschädigt für den Aufstieg. Und schon sind wir oben auf dem **Monte Toro (3)**!
Für den Abstieg gehen wir wieder auf der Straße hinunter bis nach Es Mercadal. Beim Siedlungsbeginn gehen wir geradeaus ins Dorf hinein und gelangen zu einem großen Platz. Auf dessen anderer Seite können wir nun nach rechts den alten Dorfkern von **Es Mercadal (4)** erkunden oder aber nach links zur Bushaltestelle gehen.

Aussicht vom Monte Toro nach Norden: Cap de Cavalleria (links) und die Bucht von Fornells (rechts).

27 Rund um das Feuchtgebiet Prat de Son Bou

3.45 Std.

Naturreiche Feuchtgebiete und die längste Düne Menorcas

Im Schwemmland zweier Schluchten hat sich das Feuchtgebiet Prat de Son Bou gebildet, das zum Meer hin durch eine 2,5 km lange Düne geschützt ist. Die beliebte Wanderung umkreist es zuerst auf der Landseite auf gediegenen Wegen, von denen aus wir uns auf Spurensuche in den stillen Barranco de Son Boter machen können. Ein zweiter Abstecher führt uns über ein schönes kurzes Stück Steilküste an den Rand von Sant Tomàs. Auf dem Rückweg gehen wir auf oder neben der Düne nach Son Bou zurück.

Ausgangspunkt: Großer Parkplatz gleich am Ortseingang von Son Bou, rechts vom ersten Kreisverkehr, 19 m; hier auch Bushaltestelle.
Anfahrt: Von der Me-1, Umfahrung Alaior, Straße nach Son Bou. Saisonal: Autobus 32 (Maó – Alaior – Son Bou), bis Haltestelle Torre Solí fahren.
Höhenunterschied: 180 m.
Anforderungen: Schöne Wege ohne Schwierigkeit, doch ist das lange Gehen im Sand auf dem Rückweg anstrengend. Vorsicht beim Abstecher in den Barranco: Die Natur befindet sich in der Rückeroberung, die Wegspuren sind etwas überwachsen, die Ruinen halb eingestürzt.
Einkehr (saisonal): Bar-Restaurant am Ortsanfang von Sant Tomàs; touristische Einrichtungen von Son Bou.
Tipp: Ruinen der frühchristlichen Kirche Basílica paleocristiana de Son Bou.

Am Rande des Prat de Son Bou.

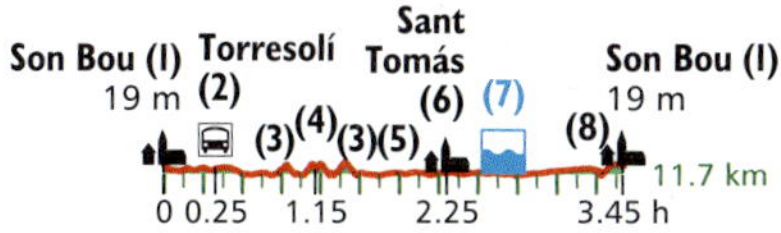

Wir folgen vom Parkplatz am Rand von **Son Bou (1)** den Markierungen des GR 223, Camí de Cavalls, nordwestwärts auf der Straße durch die Siedlung; vielfältige Gärten und Ausblicke über das nahe Meer machen den 25-minütigen Asphalttrott erträglich (mit dem Bus Anreisende ersparen sich diese Strecke). Fast am Ende des bebauten Gebiets **(2)** steigt man rechts auf einer Straße auf den Hügel und dort gleich links wieder hinunter (weiß-rote Markierungen des GR beachten). Ein Natursträßchen führt uns durch das breite Mündungsgebiet eines Barrancos (Barranc de Son Sereni). Wir folgen stets den Markierungen des Camí de Cavalls, anfänglich leicht steigend auf dem Sträßchen, dann auf einem hervorragenden alten Weg. Dieser bricht im Talgrund des zweiten Barrancos, dem **Torrent de Son Boter (3)**, mit einer scharfen Wendung nach links ab.

Die Pfadspur geradeaus ist stark zugewachsen; sie führt nach 10 Min. zu den Ruinen des einstigen Gehöfts Sa Vall. Ganz still ist es hier, außer den Vogelrufen und vielleicht sogar dem Rauschen eines Bächleins, dem wir weiter in den Barranco hinein folgen, soweit es die dichte Vegetation noch

Aufstieg zur Düne von Son Bou.

erlaubt. Bald finden wir (bitte Vorsicht!) rechts die Reste eines großen Höhlenhauses, dann zur Linken auf der anderen Seite die Ruinen einer Doppelmühle **(4)**. Danach verliert sich der Weg vollends im Gestrüpp und wir kehren auf demselben Weg zurück.

Wieder beim **Camí de Cavalls (3)** folgen wir diesem nun nach rechts über einen Betonquadersteg, dann nach links auf einem wunderbar schattigen Hohlweg. Beim Felsvorsprung **na Redona (5)** erreichen wir die Küste. Wir wenden uns nach rechts und gehen auf dem Camí de Cavalls über die Steilküste bis zum Ortsanfang von **Sant Tomàs (6)**.

Wir kehren zurück zur Verzweigung auf **na Redona (5)**. Diesmal wählen wir den Weg geradeaus. Wir können entweder die Route über die Dünen mit Einblicken in dieses Ökosystem wählen oder direkt dem Strand folgen **(7)**. Einige Holzstege ermöglichen das Wechseln von der einen Route zur anderen. Wir gehen bis ganz zum Ende des Strands, wo wir links aufsteigen. Gleich zur Rechten liegt das weiß gemäuerte Geviert der **Basílica paleocristiana de Son Bou (8)**: Ruinen aus den Anfängen der Christenheit. Sie sind geschlossen, können aber gut über die Mauer hinweg besichtigt werden und lohnen einen Blick.

Auf breitem Weg steigen wir zur Straße auf, gehen gleich noch weiter zur oberen Straße hinauf und finden dort zur Linken unseren Ausgangspunkt am Rande von **Son Bou (1)**.

1.00 Std.

Camí Vell – durch die Gärten von Es Migjorn Gran

28

Rundweg durch den Barranc de s'Engolidor

Die Talayots an der höchsten Stelle von Es Migjorn Gran zeugen davon, dass der Ort schon seit alters bewohnt ist, wohl aufgrund der strategisch günstigen Lage, aber auch wegen der Fruchtbarkeit des nahen Tals. Heute liegt das schmucke, weiße Dorf mit seinen schmalen Gassen auf dem kleinen Hügelzug, die zugehörigen Hausgärten erstrecken sich nordwestlich davon im breiten Barranco, wo mithilfe des alten Brunnens Pou Vell Wasser geschöpft wurde. Unsere kurze Rundtour auf älteren Wegen vermittelt schöne Dorfimpressionen und eröffnet Blicke auf die ehemalige Gartenkultur, wobei man auch eine moderne »Gartenfabrik« passiert.

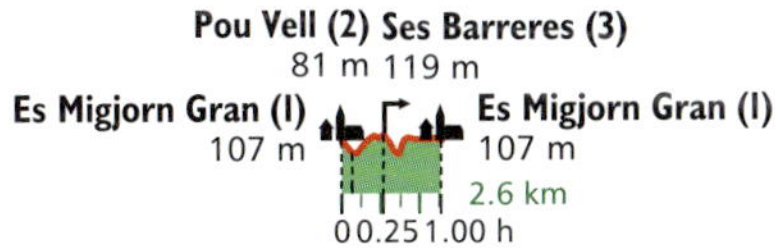

Ausgangspunkt: Es Migjorn Gran, ausgeschilderte Parkplätze am westlichen Dorfrand beim Restaurant/Hostal s'Engolidor, 115 m.
Anfahrt: Von der Me-1 über die Me-16 und 18 nach Es Migjorn Gran, dort zum westlichen Dorfende; bei Anfahrt über die Me-20 von Ferreries her am Dorfanfang; Autobus (saisonal) von Ferreries oder Maó.
Höhenunterschied: 85 m.
Anforderungen: Teils unebene Wege; die gesamte Route ist markiert.
Einkehr: Bar und Restaurants in Es Migjorn Gran.
Kombination: Mit Tour 29.
Tipp: Am Fr (9 bis 13 Uhr) lassen sich im Dorf ehemalige Luftschutzkeller besichtigen (Refugi antiaeri, Eingang neben der Kirche).

Barranc de s'Engolidor.

Vom Parkplatz am westlichen Dorfrand von **Es Migjorn Gran (1)** gehen wir auf der schmalen Asphaltstraße Carrer Es Cap de la Vila abwärts. Bald nach den letzten Häusern eröffnen sich rechts Ausblicke über das Tal, das sich mal Barranc de s'Engolidor, Barranc de Torrevella oder Barranc de Binigaus nennt. Etwas tiefer können wir rechter Hand über gepflasterte Terrassen zur alten Brunnenanlage **Pou Vell (2)** gehen, die mit einem klassischen menorquinischen Tor aus Krummholz verschlossen ist. Drinnen finden wir eine überdachte, vor Sonne und Regen geschützte Ansammlung von Wasserbecken und einen Ziehbrunnen.

Nach der Besichtigung folgen wir nur noch wenige Meter dem Asphaltsträßchen bis in den Talgrund und gehen dann nordwärts auf dem alten Weg durch das Tal. Von hier genießen wir einen weiten Blick über das Dorf auf dem Hügel.

Wir steigen jenseits auf bis an den Rand der Zufahrtsstraße, wo wir gleich rechts den Weiterweg finden. Neben einer Feldstraße steigen wir hügelan, gehen entlang großer Treibhäuser bis zur Spitzkehre vor **Ses Barreres (3)**, wo wir nach rechts wieder dorfwärts gehen. Immer geradeaus queren wir auf dem schönen, alten Weg Camí Vell nun erneut den Barranc.

Durch die Felder und die aufgelassenen Gärten steigen wir hinauf auf den Hügel bis zur Hauptstraße Me-18. Wir wenden uns nach rechts und finden gleich mit dem Camí de la Figuerenya eine Alternative zur Fahrstraße. An ihrem Ende gehen wir geradeaus weiter und erreichen über die Carrer Major durch das Dorf und an der Kirche **Sant Cristòfol (4)** vorbei wieder den Ausgangspunkt in **Es Migjorn Gran (1)**. Aber vielleicht wollen wir gar nicht so schnell dorthin zurück, sondern lassen uns durch die schmalen Gassen zu einem gemütlichen Bummel und zur Einkehr verführen.

Links: Es Migjorn Gran auf dem Hügel.
Rechts: Ein typisch menorquinischer Camí vell.

TOP 29 Cova des Coloms

2.15 Std.

Eindrückliche Höhle und urtümliche Küste – eine Genusstour

Gewiss eine der schönsten Wanderungen der Insel! Auf alten, schmalen Wegen geht es durch die vegetationsreiche Schlucht Barranc de Binigaus zur größten Höhle der Insel, einer Kathedrale der Stille und der Vögel. Die benachbarte Höhle Cova de na Polida lässt sich aktuell nicht besuchen; sie wurde von der Naturschutzbehörde von Menorca geschlossen, weil sie Aufenthaltsort der Langfußfledermaus (Myotis capaccinii) ist, einer Fledermausart, die auf den Balearen unmittelbar vom Aussterben bedroht ist. Das Tal mündet unten auf den weiten Strand von Binigaus. Der Rückweg führt uns über eine schöne Variante des Hinwegs zurück zum Ausgangspunkt.

Ausgangspunkt: Es Migjorn Gran, 115 m, bezeichnete Parkplätze am Dorfausgang Richtung Cementiri.
Anfahrt: Von der Me-1 über die Me-16, 18 oder 20 nach Es Migjorn Gran, das Dorf in Richtung Sant Tomàs durchqueren und kurz vor dem Ortsende rechts zum Parkplatz auf der Anhöhe. Autobus (saisonal) von Ferreries oder Maó.
Höhenunterschied: 140 m.
Anforderungen: Größtenteils schmale, unregelmäßige Wege.
Einkehr: Bar/Restaurants in Es Migjorn Gran, unterwegs keine.
Variante: Wer mehr wandern will, kann von den Platges de Binigaus entlang der Küste nach Westen zur wunderschönen Cala Escorxada gehen (je 1 Std. Hin- und Rückweg ab Binigaus).
Tipp: Besuch der eindrücklichen talayotischen Siedlung Sant Agustí Vell: An der Straße von Es Migjorn Gran in Richtung Sant Tomàs geht bei Km 8,5 rechts eine Straße ab (Parkmöglichkeit); es handelt sich um Privatgelände, doch wird der Besuch zu Fuß toleriert. Man folgt der Straße bis unmittelbar vor einem großen Gehöft, wo rechts ein ehemaliger, unasphaltierter Fahrweg abgeht. Man folgt diesem Meisterwerk einstiger Straßenbaukunst gut 10 Min. lang, bis rechts ein Fußweg zum spätbronzezeitlichen talayotischen Dorf von Sant Agustí Vell führt. Dieser archäologische Fundplatz ist nur wenig restauriert. Man findet ausgedehnte Ruinen des Dorfes, zwei große Talayots (einer mit begehbarem Innenraum), viele Säulen, sechs tiefe, in den Fels gehauene Vorratskammern und eine Taula (vgl. Tour 28).

Wir folgen vom Parkplatz bei **Es Migjorn Gran (1)** der Straße nach Süden, die nach dem Hotel Rural zur Schotterpiste wird. Nach insgesamt 25 Min. finden wir linkerhand den bezeichneten **Abzweig (2)** zur Cova des Coloms.

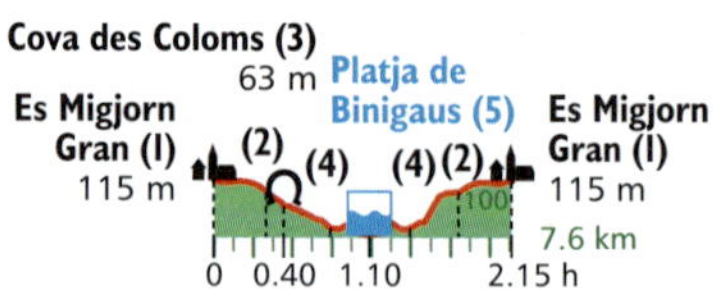

Der schmale Pfad senkt sich allmählich in die Schlucht hinein, bis wir den Bachgrund erreichen. Unmittelbar danach geht links ein deutlicher Weg in zwei Serpentinen hinauf zur imposanten, riesigen Höhle **Cova des Coloms (3)**, einer

Oase der Stille, im Frühling einer Kathedrale der Vögel.

Wir kehren auf demselben Weg zurück in den Bachgrund und folgen diesem kurz, dann geht der Pfad rechtsseitig am Hang weiter. 4 Min. später gelangen wir auf einen kleinen Platz, wo gleich danach nach einer Maueröffnung links ein deutlicher Abzweig weggeht. Er führt zur Cova de na Polida, einer langgestreckten Tropfsteinhöhle, deren Gesteine früher abgebaut wurden. Da sie verschlossen ist, ignorieren wir den Abzweig und folgen weiter dem Pfad durch die Schlucht.

Bei einer Weggabelung gehen wir links **(4)**. Der unverkennbare Weg leitet uns bis zum markierten GR 223 (hier große Viehtränke). Mit diesem erreichen wir sogleich den weiten Strand von **Binigaus (5)**.

Für den Rückweg gehen wir auf demselben Weg zurück zur Viehtränke-Stelle, wo wir den GR erreicht haben. Hier verlassen wir den GR 223 wieder und wandern auf dem uns schon bekannten Weg 10 Min. in die Schlucht von Binigaus hinein. Kurz nachdem der schöne Weg auf der Hangterrasse abgebrochen ist, erreichen wir die **Verzweigung (4)**. Diesmal gehen wir links (nicht rechts durch den Mauerdurchbruch mit den gelben Pfeilen, wo wir ursprünglich hergekommen sind) und finden einen hervorragenden alten steingepflasterten Weg. Auf ihm wandern wir bergan. Dann ist er unterbrochen, doch geht der Pfad rechts abwärts weiter. Aufgelassene Fruchtbäume, ein schöner Brunnen mit Tränke, eine versteckte

Barranc de Binigaus.

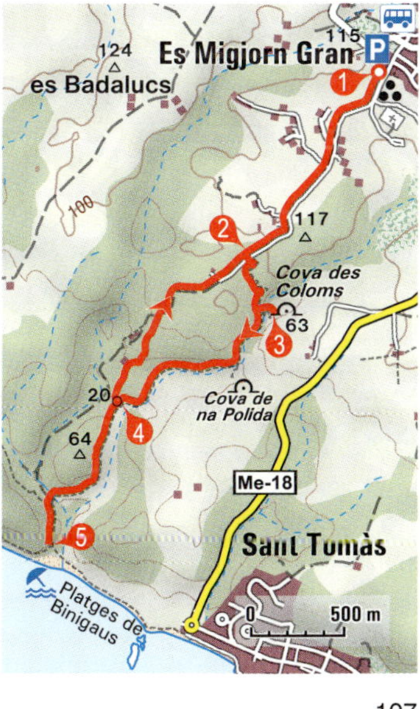

Cova des Coloms.

große Wohnhöhle und viele Mauerreste lassen uns wissen, dass hier einmal mehr Leben war als jetzt. Auf dem unverkennbaren Pfad steigen wir an, bis wir eine Piste erreichen (dort zur Linken hinter dem Dreifachgatter eine wunderschöne Wassersammelstelle). Wir folgen der Schotterpiste nach rechts und gelangen so zur Stelle, wo wir sie auf dem Hinweg verlassen haben **(2)**, und kehren zurück nach **Es Migjorn Gran (1)**.

2.30 Std.

Ferreries – Son Mercer de Baix – Cova des Moro

30

Bronzezeitliche Ruinen über spektakulären Schluchten

Über die Weite der welligen Landschaft wandern wir auf einen Schluchtrand mit spektakulären Tiefblicken, wo schon in der Bronzezeit ein ganzes talayotisches Dorf gebaut wurde, das mit der »Mohrenhöhle« auch eines der speziellsten Bauwerke dieser Zeit präsentiert: ein massives schiffförmiges Steinhaus mit noch drei sich unten verjüngenden Säulen.

Ausgangspunkt: Ferreries, 66 m, Bushaltestelle an Plaça del Príncep Joan Carles.
Anfahrt: Mit dem Autobus aus allen Richtungen. Mit dem Auto von der Umfahrung von Ferreries in Richtung Ferreries/Zentrum bis zum Kreisverkehr im Dorf; Parkmöglichkeiten in den Seitenstraßen.
Höhenunterschied: 200 m.
Anforderungen: Die ganze Tour verläuft auf weitgehend schattenlosen Naturstraßen. Der kurze Aufstieg bei der Cova zum Aussichtspunkt über die Schluchten geht über scharf erodierte Kalkfelsen, ist aber unschwierig.
Einkehr: Ferreries.
Tipp: Wer noch etwas mehr Bewegung in Ferreries braucht, steigt in einer halben Stunde zur Ermita auf und blickt weit über Dorf, Land und Meer hinüber nach Mallorca: Von der Bushaltestelle in Richtung Südosten durch die Carrer Son Granot bis an deren äußerstes Ende jenseits des Bachbetts, dort über eine Betontreppe hinauf in den Wald, zuerst links halten bis zum breiten, deutlichen, stark ausgewaschenen Pilgerweg.

Ein Prachtbau von Trockensteinhütte.

Fruchtbarer Talgrund im Barranc de sa Cova.

Von der Bushaltestelle in **Ferreries (1)** gehen wir südostwärts durch die Carrer Son Granot bis zum Flussgraben. Wir folgen diesem nach rechts bis ans Ende des Dorfes und wechseln dort auf die Straße Me-20 in Richtung Es Migjorn Gran. Wir folgen dieser 600 m weit und biegen dann in den **Abzweig (2)** nach rechts ein (Schild: Son Mercer de Baix »cova des Moro«). Wir steigen auf dieser unbefestigten Straße auf, genießen die Rückblicke über Ferreries und erreichen bei einigen Megalithen die Höhe. Zwischen den Gebäuden des Bauernhofes Son Mercer de Dalt zur Linken und einer romantischen Landvilla zur Rechten geht die Straße wieder leicht abwärts an einer Mistsammelstelle vorbei.

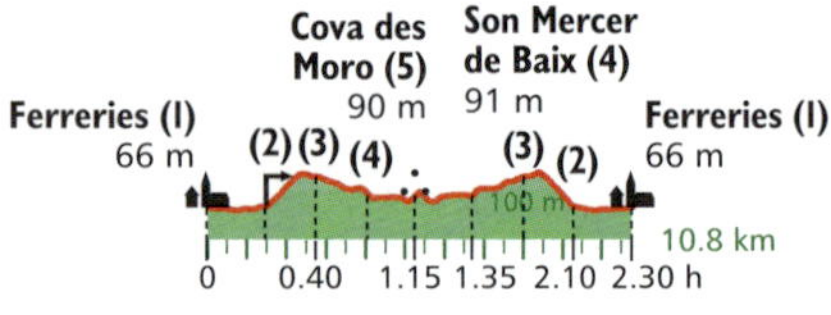

Etwas weiter vorn gabelt sie sich **(3)**: Wir bleiben geradeaus auf der befahrenen Naturstraße und wandern an einem prächtigen fünfstöckigen Natursteinhaus vorbei bis zu den Häusern und Ställen von **Son Mercer de Baix (4)**.
Wir durchqueren das Gehöft und halten uns links. Wir bleiben auf diesem Fahrweg, bis vor einem Mauerdurchbruch eine Tafel den Weiterweg verbietet. Hier finden wir zur Linken auch gleich die Reste eines größeren talayotischen Dorfes, das als Besonderheit ein Höhlenhaus mit drei sich unten verjüngenden Säulen enthält (eine vierte ist 2001 eingestürzt): die sogenannte **Cova des Moro (5)**. Wir schlendern durch die Ruinenreste aufwärts und steigen zuoberst auf den Felsvorsprung, der uns fantastische Sichten über die Barrancos bietet.
Wir wandern auf demselben Weg nach **Ferreries (1)** zurück.

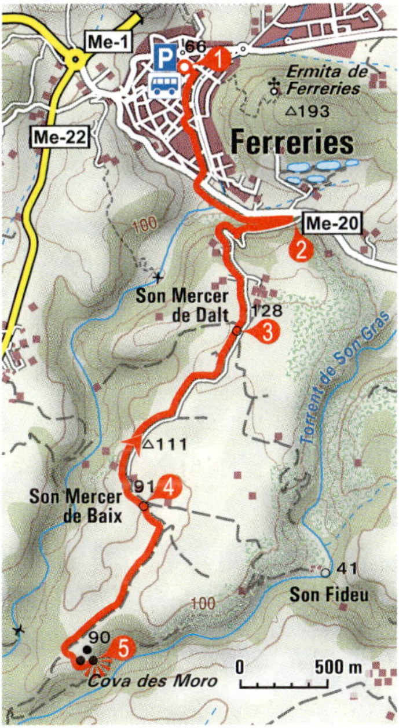

Über die Weite der welligen Landschaft von Son Mercer.

TOP 31

Barranc d'Algendar

4.30 Std.

Schönste alte Wege, botanische Vielfalt, schattige Wassergründe

Was uns Heutigen eine Autobahn, das war den Altvorderen der »Camí Reial«: ein Verbindungsweg über die ganze Insel von Ciutadella bis Maó, gebaut nach einheitlichem Standard mit Entwässerungsgräben, definiertem Gefälle, Ausweichstellen und vielem mehr. Von Ferreries westwärts durch die Schlucht des Algendar hat sich ein Stück seit dem Mittelalter unverfälscht erhalten. Der magische Weg bietet höchsten Wandergenuss. Im sagenumwobenen Pas d'en Revull begegnen wir geologischen und botanischen Raritäten und im Barranc d'Algendar dem einzigen ganzjährig wasserführenden Bach der Insel.

Ausgangspunkt: Ferreries, 66 m, Bushaltestelle an der Plaça del Príncep Joan Carles.
Anfahrt: Busverbindungen mit allen größeren Orten. Mit dem Pkw: beim großen Kreisverkehr der Umfahrung von Ferreries die Ausfahrt Ferreries/Zentrum nehmen (nicht den Schildern Barranc d'Algendar folgen!), die Me-20 wählen und gleich links vor dem Friedhof (cementiri) parken. Von hier 100 m weiter dorfwärts gehen und rechts in die Carrer del Camp einschwenken; ab hier wie in der Route beschrieben.
Höhenunterschied: 420 m.
Anforderungen: Schattige, unregelmäßige steingepflasterte Wege; kurze Stücke auf Pisten. Der Lehrpfad beim Wendepunkt verlangt Orientierungsgespür.
Einkehr: Ferreries, unterwegs keine.

Auf der Plaça del Príncep Joan Carles in **Ferreries (1)** wählen wir die ehemalige Hauptstraße in Richtung Ciutadella, biegen aber gleich nach 40 m halblinks in die Carrer Fred ein. Wir folgen dieser immer geradeaus, bis wir am oberen Ende des Platzes vor der Kirche sind. Dort gehen wir rechts die Gasse hinauf und gelangen zuoberst über eine Treppe zur Straßengabelung. Wir gehen in derselben Richtung auf dem Gehsteig neben der Straße noch gut 100 m weiter und biegen links in die **Carrer del Camp (2)** ein. Auf

Der Camí Reial zwischen Ferreries und dem Barranc d'Algendar.

dieser verlassen wir den Ort, überqueren gleich vorsichtig die Landstraße Me-22 und betreten den **Camí Reial** (diverse Wegweiser und Schilder).
Ein kurzer steiler Anstieg auf der Betonpiste führt uns hinauf die auf weite Höhe. Wir bleiben nur kurz auf dem Natursträßchen, bis rechterhand der eigentliche alte Weg beginnt **(3)**. Er führt uns unverfehlbar eine knappe ¾ Std. durch Wiesen und Weiden und nach einem Aufstieg zum Ende einer Asphaltstraße. Wir gehen geradeaus gut 200 m auf der Betonpiste hinunter und biegen links in den schmalen **Pas d'en Revull (4)** ein. Ein magisches Weglein führt uns unter den gewaltigen Schluchtwänden durch riesige Felsbrocken in schattige Tiefen. Ein Muslim soll sich hier nach der Reconquista, der Wiedereroberung der Insel durch die Christen, versteckt gehalten haben. Wir begegnen einer Vegetation, die wenig mediterran ist.
Das Weglein mündet in ein Sträßchen im Schluchtgrund. Wir folgen diesem nach links zum **Barranc d'Algendar**. Auf einem grobsteinig gepflasterten Weg folgen wir dem Bach bis zu einer kleinen Betonbrücke **(5)**. Hier über-

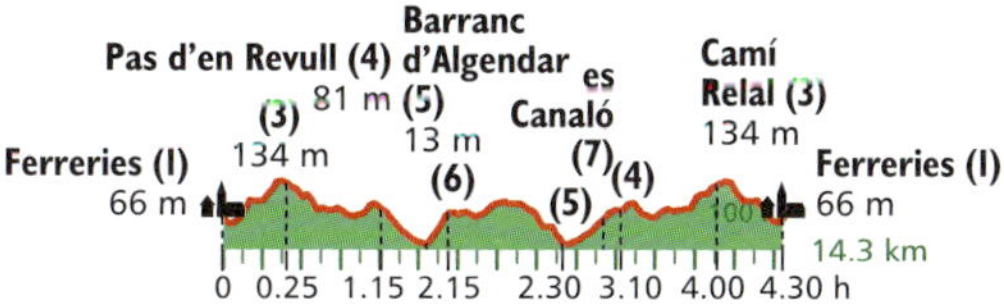

Im Pas d'en Revull.

queren wir den Algendar und steigen wieder aus der Schlucht auf. Bald können wir links bei einer monumentalen Eiche auf eine Geländeterrasse hinaustreten. Etwas weiter oben gehen wir auf einem Weglein nach rechts in die Höhe und zu natürlichen Balkonen hoch über der Schlucht (Vorsicht, ungesichert!) mit Einblicken in die Rast- und Nistplätze der Raubvögel. Zurück auf dem Weg steigen wir weiter dessen faszinierendem Lauf nach auf bis an sein Ende, wo an einer Hausruine **(6)** die Fahrpiste beginnt.
Orientierungssichere Entdeckungsfreudige übersteigen links der Hausruine die Mauer und gehen noch südwestwärts auf Pfadspuren durch das überwachsene Gelände bis zu einem Mauerdurchbruch mit Holztor. Hinter diesem Tor finden wir die Spuren eines botanisch-ethnologischen Lehrpfads. Der Rundgang ist teils durch Holzpfosten, stets durch weiß bemalte Steine markiert. Er lässt uns vielfältige Entdeckungen machen.
Die Hausruine **(6)** ist der Wendepunkt: Wir kehren auf dem uns bekannten Weg zurück. Im Rückweg lassen wir diesmal den Pas d'en Revull rechts liegen und folgen weiter dem Fahrweg. Der Schluchtgrund war ein reichhaltiger Obstgarten und wird neuerdings rekultiviert. Am Gruppenferienhaus **es Canaló (7)** vorbei gelangen wir zum Parkplatz und steigen auf der Piste wieder zum uns bereits bekannten Weg auf und kehren zurück nach **Ferreries (1)**.

5.45 Std.

Von Cala Galdana zu den Platges de Binigaus

32 TOP

Türkisfarbene Traumbuchten und stille Wälder

Diese wunderschöne Tagestour führt durch den unberührtesten Teil der Südküste und ihre sensationellen Buchten. Im Hinweg balancieren wir immer wieder hoch über der senkrechten Steilküste über karstige Felsen, genießen gewaltige Aus- und Tiefblicke, steigen hinunter in unberührte Sandbuchten mit ihrem Farbenspiel durch alle Schattierungen von Blau und wieder hinauf auf die Küstenfelsen. Für den Rückweg vertrauen wir uns dann dem Camí de Cavalls an, der uns durch die stillen schattigen Wälder des Hinterlandes auf gediegenen Wegen zurückführt.

Ausgangspunkt: Östliche Strandpromenade von Cala Galdana, 3 m.
Anfahrt: Mit Pkw über die Me-22 von Ferreries her: beim Kreisverkehr am Ortseingang von Cala Galdana links in Richtung »Mirador de Sa Punta«, nach 300 m befindet sich links der Parkplatz; gleich bei der Parkplatzeinfahrt führt eine Treppenanlage hinunter auf die Strandpromenade. Mit Bus: bis in die Bucht von Cala Galdana fahren, dann über die Brücke zurückgehen und gleich hinunter zur Strandpromenade (saisonale Autobusverbindungen von Maó, Ciutadella und Ferreries).
Höhenunterschied: 450 m.
Anforderungen: Lange Tour ohne Abbruchmöglichkeit; raue, schöne Wege über verkarstete Uferfelsen; für den Zugang zur Cala Trebalúger muss man je nach Wasserstand und Wellengang manchmal einen Wasserarm durchwaten (Wassertiefe bis höchstens hüfthoch).
Einkehr: Cala Galdana (Sommerhalbjahr), unterwegs keine.
Tipp: Kanutour von Cala Galdana bis Cala Trebalúger mit Einfahrt ins Sumpfgebiet.

Auf der östlichen Strandpromenade von **Cala Galdana (1)** gehen wir bis an deren Ende. Über Treppenanlagen können wir dort aufsteigen; oben finden wir rechts beim dortigen Kreisverkehr am Straßenende zwei Aussichtspunkte. Anschließend folgen wir 5 Min. der Straße ortswärts, bis wir rechts den Abzweig »Cala Mitjana« sehen. Nach 50 m Straße beginnt der sehr schöne Naturweg. An den Resten eines Kalkofens vorbei erreichen wir eine Verzweigung, bei der wir zuerst rechts zum Mirador über die Bucht von Mitjana vorgehen, bevor wir anschließend zu dieser absteigen. Wir gelangen zunächst zu den Hinweistafeln von Pedreres de Marès. Hier unbedingt 1 Min. nach links auf der Pfadspur zu diesem verlassenen Steinbruch aufsteigen: eine Kathedrale der Stille. Dann geht es weiter zum Strand der **Cala Mitjana (2)**, den wir nach rechts über Holztreppen erreichen.
Damit verlassen wir den GR 223. Unser Weiterweg beginnt gleich gegenüber der Stelle, wo wir den Sand betreten. Wir steigen über steinerne Treppen einigen Holzpfeilen folgend steil auf. Auf der Höhe (rechts befindet sich ein weiterer Mirador) wendet sich die Route nach links und führt stets durch Pfeile markiert als angenehmer Weg durch Wald. Eine gute ½ Std. nach Ver-

Stille Wälder über türkisfarbenen Buchten.

lassen der Cala Mitjana bringt uns ein ruppiger Abstieg hinunter zur **Cala Trebalúger (3)**. Der Weg endet abrupt. Entweder können wir direkt hinunter auf den Sand klettern, oder wir traversieren nach links vorsichtig über einen Felsvorsprung und erreichen so einen Tunnel, der uns vor den Wasserarm des Mündungsgebietes des Barranco de Trebalúger bringt. Je nach Wasserstand bleibt nichts als: Schuhe und Hosen aus und durchwaten. Und schon sind wir auf dem gediegenen Sandstrand der Bucht.
Für den Weiterweg durchqueren wir den ganzen Strand bis ans andere Ende und gehen über Felsen noch weitere 100 m dem Ufer entlang. Hier mündet ein Tälchen, das vom Berg hinunterzieht, ins Meer ein. Wir steigen etwas in das Tälchen auf und finden gleich rechts die Fortsetzung unseres Weges (Holzpfeil). Der Pfad ist nun deutlich wilder als zuvor, aber stets gut zu gehen. Über die Uferfelsen geht es der Küste entlang und wieder hinunter in die Cala Fustam, die häufig hoch mit »Posidonia«, den Resten des Nep-

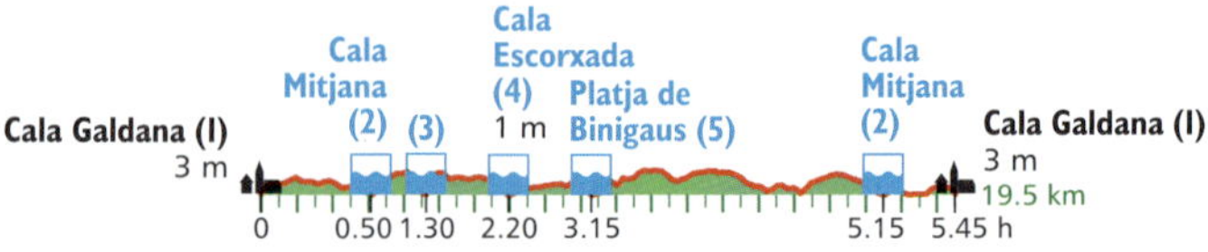

tungrases, bedeckt ist. Auf der anderen Seite finden wir einen Fahrweg, über den wir zur **Cala Escorxada (4)** weitergehen; sie ist wohl die ursprünglichste aller dieser Buchten: eine wundervolle Rast- und Bademöglichkeit.
Auf ihrer Ostseite gehen wir wieder über die Felsen aus der Bucht hinaus und dem unverkennbaren Weg nach bis zu den weiten Sandstränden der **Platges de Binigaus (5)**. Hier treffen wir wieder auf die Markierungen der GR 223, Camí de Cavalls. Wir folgen ihnen auf dem ganzen Rückweg: ein weiter stiller Weg, auf und ab durch prächtigen Wald und durch den breiten Barranco de Trebalúger zurück zu **Cala Mitjana (2)**. Ein letztes Bad?
Auf dem Hinweg gehen wir nach **Cala Galdana (1)** zurück.

Natur pur in der Cala Escorxada.

TOP **33**

Cala Macarella, Cala Macarelleta und Cala en Turqueta

4.15 Std.

Hoch über Küstenfelsen zu türkisblauen Buchten – stille Wege im Süden

Aufsteigen auf rauen Wegen durch lichten Pinienwald hoch über den goldgrauen Felsabgründen, gehen in der Stille mit weiten Blicken übers offene Meer und wieder sich senken in türkisleuchtende feinsandige Meerbuchten, ruhen und sein – das ist die typische Südküste von Menorca! Unser abwechslungsreicher Weg lässt alle diese Elemente in sinnbildlicher Weise erfahren.

Ausgangspunkt: Landseite der gebogenen Fußgängerbrücke auf das Halbinselchen in der Cala Galdana (Endpunkt der 13. Etappe des Camí de Cavalls), 7 m.
Anfahrt: Über die Me-22 von Ferreries; nach der Brücke links bis Ende des bebauten Gebiets, dort Parkplatz. Busverbindung saisonal.
Höhenunterschied: 320 m.
Anforderungen: Durchgehend Fußwege mit rauem Untergrund, teilweise schmal und leicht ausgesetzt.
Einkehr: In Cala Galdana (Sommerhalbjahr), Sommerbar in Cala Macarella.

Vom Platz vor der **Fußgängerbrücke (1)** folgen wir stets dem GR 223 bis in die Cala Macarella. Unterwegs laden uns viermal Holzwegweiser ein, Abstecher nach links zu lohnenden Aussichtspunkten über dem Meer zu unternehmen. Eine lange Holztreppe erleichtert uns den Abstieg in die **Cala Macarella (2)**.
Auf der anderen Seite der Bucht, beim Schild des GR 223, verlassen wir diesen und gehen links auf einem schmalen Weg buchtauswärts. Wir können zu den dortigen Höhlen hinausgehen, doch das fantastische Weglein führt uns über Treppen in die Höhe und hoch um eine Felsnase in die Schwesterbucht **Cala Macarelleta (3)**.

Der Camí de Cavalls bei Cala Galdana.

Auf der anderen Seite der Bucht steigen wir kurz auf sandigem Weg auf, bis wir wieder den GR 223 erreichen **(4)**; Wegweiser. Wir gehen aber nicht geradeaus mit ihm weiter, sondern finden an dieser Stelle zur Linken, etwas versteckt im Gebüsch, den Beginn eines Pfades, der uns bald mit Steinstufen steil ansteigen lässt. Auf der Höhe angekommen, gehen wir zuerst rund 10 Min. nach links, um so den äußersten Felsvorsprung über der Cala Macarella zu erreichen und die wunderbaren Ausblicke zu genießen. Es Castellet – kleine Burg – heißt der Punkt und war schon prähistorisch bewohnt. Dann kehren wir um und bleiben nun rund ½ Std. stets auf dem unverkennbaren schönen Pfad über den Uferfelsen.
Nach einem Mauerdurchbruch zieht der Weg mehr ins Landesinnere und erreicht kurz darauf den **GR (5)**, Wegweiser. Aber wir lassen uns noch nicht auf ihn ein, sondern wenden uns erneut halblinks und gehen weiter auf unserem deutlichen Pfad. Bald gelangen wir so in die **Cala en Turqueta (6)**, dem Zielpunkt unserer heutigen Wanderung.
Für den Rückweg wählen wir diesmal bis zur Cala Macarella den GR 223, der uns neue Aspekte unserer Landschaft eröffnet. Von dort kehren wir auf dem Hinweg nach **Cala Galdana (1)** zurück.

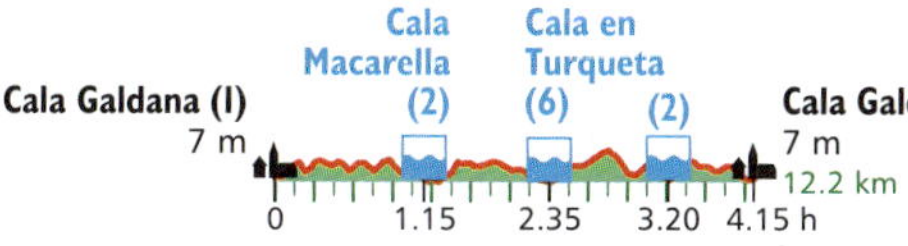

34 Son Xoriguer – Platges des Son Saura – Cala en Turqueta

6.00 Std.

Schroffe Küsten, sanfte Buchten – die unbewaldete westliche Südküste

Wenige Meter nur steigt die Kalkplatte des Migjorn im ganzen Westen der Insel aus dem Meer auf, ist von Wind und Wasser scharfkantig und bizarr zerfressen, lässt kleinere und einige größere Sandbuchten zu. Diese Wanderung führt stundenlang über die verkarsteten Felsen, dann durch das weite Rund der Bucht von Son Saura bis in die Cala Turqueta, wo sich der Charakter der Südküste dann ändert: Die bewaldete zentrale Südküste (vgl. Touren 30 und 33) pägen höhere Uferfelsen. Wir genießen weite Ausblicke, bevor wir zurückwandern.

Ausgangspunkt: Son Xoriguer, 3 m, ausgeschildeter Parkplatz »Platja«.
Anfahrt: Über die Me-24 von Ciutadella nach Cap d'Artrutx, dort links in Richtung Son Xoriguer, immer der Hauptstraße folgen, dann wieder links nach Son Xoriguer, den Schildern »Platja« bis zum Parkplatz folgen. Bus 65, Ciutadella bis Son Xoriguer (nur im Sommer).
Höhenunterschied: 110 m.
Anforderungen: Recht lange, schattenlose Tour, steinige raue Fußwege über Fels und Gehen im Sand.
Einkehr: Bar/Restaurant in Son Xoriguer (saisonal), unterwegs keine.
Variante: Mit dem Auto (an der Umfahrung von Ciutadella Ausfahrt »Platges« wählen) oder mit dem kleinen Sommerbus Nr. 66 (Vorreservieren!) zum Parkplatz von Son Saura und von dort kleine Runde nach Cala en Turqueta (2.30 Std. hin und zurück).

Vom Strand von **Son Xoriguer (1)** folgen wir den Schildern des Camí de Cavalls der Küste entlang. Nach knapp 30 Min. gelangen wir zum kleinen Haus **Cova des Pardals (2)**. Wir erforschen sein faszinierendes Geheimnis, bevor wir weiterziehen. Immer über der zerfressenen Küste schlängelt sich der unverkennbare Weg weiter bis zum weiten Sandrund der **Platges de Son Saura (3)**. Der weiße Sand ist häufig von Posidonia (Neptungras) bedeckt, bietet aber viele schöne Badeplätze im türkisfarbenen Wasser.
Der Weg führt direkt über den Strand, um die Vegetation der Uferdünen zu schützen, und läuft dann um einen Landvorsprung in die schöne **Cala des Talaier (4)**. Immer weiter dem Camí de Cavalls folgend kommen wir in die **Cala en Turqueta (5)**, einer Perle der Südbuchten.
Vielleicht sind wir auf irgendeinem Variantenweg in die Bucht gelangt; für den Rückweg wählen wir zunächst exakt die Markierungen des GR 223, Camí de

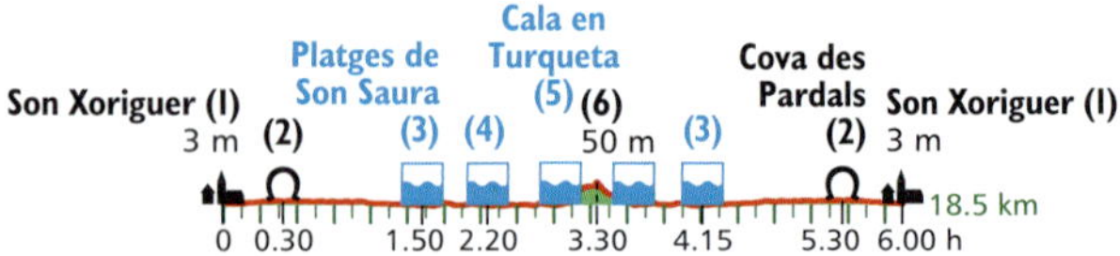

Die westliche Südküste mit der Einfahrt zur Cala en Turqueta.

Cavalls, im Hintergrund der Bucht. Der Weg steigt aus der Bucht auf und führt durch ein für den Camí de Cavalls typisches Tor; 20 Meter weiter verlassen wir den Camí und schwenken rechts in einen kleinen Pfad ein. Er läuft leicht nach rechts und dann in einem Bogen wieder nach links als unverkennbarer Fußweg aufwärts. Zum alten Wachtturm auf der **Talaia d'Artrutx (6)** können wir nicht gelangen, genießen aber dennoch auf dem höchsten Punkt unseres Weges die weiten Ausblicke über die Insel und die zentrale Südküste: Auch die höchsten Berge von Menorca sind zu sehen (Monte Toro, S'Enclusa und Santa Àgueda). Mit dem Pfad steigen wir wieder in die **Cala des Talaier (4)** ab. Den weiteren Rückweg legen wir auf dem Hinweg zurück.

35 Cap d'Artrux

2.00 Std.

Natürliche Küstenwege und ein belebter Binnenhafen – Natur und Trubel

Südlich von Ciutadella verläuft der Camí de Cavalls ein langes Stück entlang von Siedlungsgebieten. Ab der Cala Blanca aber zeigt er sich als lohnender Küstenweg mit urwüchsigen Felsformationen, viel Natur und weiten Ausblicken über das Meer bis nach Mallorca. Beim Leuchtturm von Cap d'Artrutx biegt die Küste dann scharf nach Osten ab. Bald danach gelangen wir zum Kanal, der das Meer mit dem Binnensee Lago de Cala en Bosc verbindet und so aus diesem einen wundervollen Hafen geschaffen hat. Rund um den See haben sich diverse Gewerbe und vor allem viele Restaurants und Vergnügungseinrichtungen angesiedelt. Cala en Bosc weist überdies auch eine angenehme Badebucht auf. Der ganzjährige Busbetrieb ermöglicht, mit dem öffentlichen Verkehr zurückzukehren.

Ausgangspunkt: Bucht von Cala Blanca, 12 m; Parkplätze und Haltestelle (Bus Autocares Torres Nr. 67) beim Hotel Mediterrani.

Anfahrt: Über die Me-24 von Ciutadella, Kreisverkehr bei km 3, Cala Blanca. Buslinie 67.

Rückfahrt: Mit Bus 67 von Cala en Bosc bis Hotel Mediterrani (Bus 65 hält beim Kreisverkehr an der Me-24 »Cruce C. lanca«; 600 m Fußmarsch bis zur Bucht).

Höhenunterschied: Unbedeutend.

Anforderungen: Leicht.

Einkehr: Bars, Restaurants in Cala Blanca, beim Faro d'Artrutx und in Cala en Bosc.

Varianten: (1) Das Auto in Cala en Bosc parken und zuerst mit dem Bus zurück zum Ausgangspunkt fahren. (2) Tour schon in Ciutadella (Hauptplatz Plaça des Born) beginnen und immer den Markierungen des GR 223 folgen (1.15 Std. Gehzeit zusätzlich).

Cap d'Artrutx.

In der Bucht der **Cala Blanca (1)** finden wir die weiß-roten Markierungen des GR 223, Camí de Cavalls, welchen wir südwärts folgen. Den ersten Kilometer müssen wir noch auf der Siedlungsstraße gehen, dann folgt sogleich der schöne Fußweg entlang der Küste. Die karge Landschaft über der Steilküste mit dem groben scharfkantigen Gestein hat ihren ganz eigenen Reiz. Nach einer knappen Stunde durchqueren wir die Marina de Son Olivaret: eine Zone üppiger, reichhaltiger Vegetation. Bei den Resten einer ausgedehnten Befestigungsanlage wird das Gelände wieder karger und an einer letzten Steinhütte vorbei kommen wir zu den Häusern von Cap d'Artrutx. Über die Straße entlang des Ufers gelangen wir zum malerischen Leuchtturm und damit zum eigentlichen Kap.

Wir folgen der Küste nun ostwärts, bis uns die Hafeneinfahrt von Cala en Bosc den Weiterweg versperrt. Wir folgen dem Kanal landeinwärts, bis wir ihn auf einer Fußgängerbrücke überqueren können. Je nach Lust können wir schon hier am Lago, dem zum Sporthafen ausgebauten Binnensee mit seinen vielen Geschäften bleiben. Gehen wir noch geradeaus auf der Straße weiter, gelangen wir nach 5 Min. zur gediegenen sandigen Bucht von **Cala en Bosc (2)**, von wo wir auch auf den Landvorsprung Punta de sa Guarda hervorgehen können. Indem wir aus der Bucht nordwärts die Rundstraße überqueren, erreichen wir den Binnenhafen.

(Eine Haltestelle des Autobusses für die Rückfahrt finden wir nördlich des Hafens auf der Ringstraße, die diesen umfährt.)

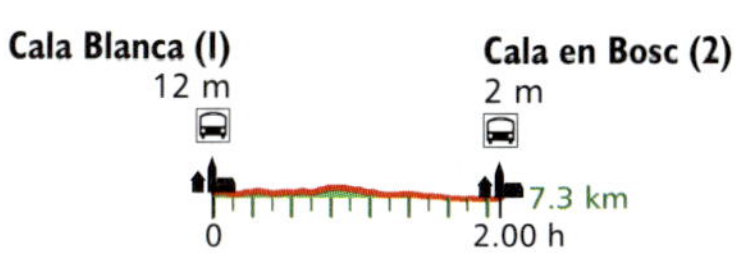

Stichwortverzeichnis

Menorquinisch-spanisch-deutsches Lexikon für Wanderer

Menorquinisch (Menorquí)	Spanisch (castellano)	Deutsch (alemany/alemán)
a l'esquerra	a la izquierda	links
a la dreta	a la derecha	rechts
adéu	adiós	auf Wiedersehen
ajuntament	ayuntamiento	Gemeindeverwaltung
aparcament	aparcamiento	Parkplatz
arribada	llegada	Ankunft
barca, llaüt	barca	Boot
barranc	barranco	Schlucht, Bachbett
porta/portell	puerta/portillo	Tür/Pförtchen
benzinera, gasolinera	gasolinera	Tankstelle
bicicleta, velo, bixi	bicicleta	Fahrrad
bon dia	buenos días	Guten Morgen, Guten Tag
bona nit	buenas noches	Gute Nacht
bona tarda	buenas tardes	Guten Abend (ab 14 Uhr)
bosc	bosque	Wald
botiga	tienda	Laden
cala, caleta, caló	cala	Bucht
camí	camino	Weg
camí particular	camino privado	Privatweg
caminet, corriol	senda, sendero	Fußweg, Pfad
cans / gossos perillosos	perros peligrosos	gefährliche Hunde
cap	cabo	Kap
cap de setmana	fin de semana	Wochenende
capvespre, tarda	tarde	abends/Abend
carnisseria	carnicería	Metzgerei
carrer	calle	Straße
casa, can	casa	Haus
castell	castillo	Burg
coto privat de caça	coto privado de caza	privater Jagdbezirk
cotxe	coche	Auto
cova	cueva	Höhle
creu	cruz	Kreuz
demà	mañana	Morgen
dijous	jueves	Donnerstag
dilluns	lunes	Montag
dimarts	martes	Dienstag
dimecres	miércoles	Mittwoch
dissabte	sábado	Samstag
diumenge	domingo	Sonntag
divendres	viernes	Freitag
dones	mujeres	Frauen
ermita	ermita	Einsiedelei
església	iglesia	Kirche
feiner	laborable	Werktag (Mo bis Sa)
far	faro	Leuchtturm

farmàcia	farmacia	Apotheke
festiu	festivo	Festtag
fins ara, mos veim	hasta pronto	bis bald
font	fuente	Quelle, Brunnen
forn de pa	panadería	Bäckerei
homes	hombres	Männer
horari	horario	Zeitplan
illa	isla	Insel
itinerari de pas	itinerario de paso	Durchgang
lavabos, bany, WC	lavabos, baño, WC	WC, Toilette
lloguer	alquiler	Verleih
macar	pedregal	Steinblockplatz/-küste
mapa	mapa	Landkarte
mar (weiblich: la mar)	mar (männlich: el mar)	Meer
mercat	mercado	Markt
mirador	mirador	Aussichtspunkt
molí de vent	molino de viento	Windmühle
nau, navetes	nave, naves	Schiff, bzw. auch Halle
no passar, no passeu	no pasar	kein Durchgang
obert	abierto	offen
parada	parada	(Bus-) Haltestelle
paret seca	pared seca	Trockensteinmauer
passeig	paseo	Spazierweg, Promenade
pedrera	cantera	Steinbruch
perill	peligro	Gefahr
piscina	piscina	Schwimmbad
plaça	plaza	Platz
platja	playa	Strand
pont	puente	Brücke
port	puerto	Hafen
pou	pozo	Brunnen
prohibit es (el) pas	prohibido el paso	Durchgang verboten!
propietat privada	propiedad privada	Privatbesitz
puig	pico	Gipfel
punta	punta	Landspitze
riera	torrente/barranco	Trockenflussbett
roca	roca	Felsen
ruïnes	ruinas	Ruinen
setmana	semana	Woche
sortida	salida	Ausgang
sud	sud	Süden
talaia, talaiot	atalaya	Wachturm
tallat	cortado	gesperrt, unterbrochen
tanca/tancat	cierre/cerrado	Sperre/geschlossen
torre, torreta	torre	Turm
tot dret, recte	derecho, recto	geradeaus
tramuntana/nord	tramontana/norte	Nordwind/Norden
vall	valle	Tal

Umschlagbild:
Cala Barril an der Nordküste (Tour 6).

Bild im Innentitel:
Feuchtgebiete der Tramuntana;
Blick vom Aufstieg nach Santa Àgueda (Tour 5).

Grafik S. 21: Laura Aguilar.

Foto S. 30/31:
Blick vom Castell de Santa Àgueda über die Tramontana zum Cap de Cavalleria (Tour 5).

Alle Fotos von den Autoren.

Kartografie:
35 Wanderkärtchen im Maßstab 1:25.000, 1:50.000 und 1:75.000,
Geodaten © OpenStreetMap und Mitwirkende,
kartographisches Design:
Freytag & Berndt Prag, www.freytagberndt.cz;
zwei Übersichtskarten im Maßstab 1:250.000 und 1:550.000
© Freytag & Berndt, Wien

Die Ausarbeitung aller in diesem Führer beschriebenen Wanderungen erfolgte nach bestem Wissen und Gewissen der Autoren. Die Benützung dieses Führers geschieht auf eigenes Risiko. Soweit gesetzlich zulässig, wird eine Haftung für etwaige Unfälle und Schäden jeder Art aus keinem Rechtsgrund übernommen.

3., aktualisierte Auflage 2019

ISBN 978-3-7633-4450-5

Wir freuen uns über jeden Korrekturhinweis zu diesem Wanderführer!
Bitte per E-Mail an: leserzuschrift@rother.de

BERGVERLAG ROTHER · München
D-82041 Oberhaching · Keltenring 17 · Tel. +49 89 608669-0 · www.rother.de